Himmlische Späne · Sternbildsagen

Himmlische Späne

Sternbildsagen aus Thüringen und
angrenzenden Gebieten

Herausgegeben von
Michael Köhler

Mit Illustrationen von
Kerstin Dietel

ISBN 978-3-910141-91-9
© Jenzig-Verlag Gabriele Köhler
Briefadresse: PF 100219, Jena 07702
Tel. 036427-71391
mail@jenzigverlag.de
www.jenzigverlag.de

1. Auflage 2009
1500 Exemplare

Lektorat: Gabriele Köhler
Titelgestaltung: Katharina Kerntopf
Typografie: Gabriele Köhler

Alle Rechte beim Verlag
Printed in Germany
Druck: Elbe-Druckerei Wittenberg
Buchbinderische Weiterverarbeitung:
Kunst- und Verlagsbuchbinderei Leipzig

Vorwort

Der Anblick der funkelnden Sterne in einer klaren, mondlosen Nacht ist wohl für fast jeden Menschen faszinierend. Die kleinen Lichtpunkte am Himmel vermögen uns zu begeistern, obwohl in unserer industrialisierten Welt zahlreiche künstliche Lichter das Dunkel erhellen und die unterschiedlichsten optischen Reize zur Tag- wie zur Nachtzeit auf uns einfluten.

Für die meisten Menschen ist heute die Freude über das Leuchten der Sterne das Erlebnis eines Augenblicks. Wenn man nicht von Berufs wegen mit den Sternen zu tun hat, erlebt man nur selten den Himmel in seiner Bewegung. Immerhin weiß jeder, dass sich der Sternhimmel verändert, dass im Sommer das Sommerdreieck hoch am Himmel steht, im Winter dagegen das Sternbild Orion und der helle Sirius zu sehen sind.

Noch vor wenigen Generationen, bevor Gaslampen und das künstliche elektrische Licht Einzug in den Alltag hielten, waren das Leuchten der Sterne und der Tages- und Jahreslauf der Sternbilder für viele Menschen eine alltägliche, einprägsame und immer wiederkehrende Erfahrung. Die Sterne und ihre Anordnung am Himmel waren in das Gedächtnis der Menschen tief eingegraben, der Eindruck der verschiedenen Teile des Sternhimmels menschliches Allgemeingut. Abgesehen von Helligkeit, Farbe und Anordnung der Sterne waren die Bewegungen der Sterne am Himmel bis zur Zeit der Erfindung mechanischer Uhren von besonders großer Bedeutung. So wie der Sonnenstand am Tag als Stundenzeiger fungierte, so regierte die Stellung der Sterne den Stundenlauf der Nacht. Noch wichtiger als der Tageslauf war jedoch für alle vorindustriellen Gesellschaften der Jahreslauf, der sich präzise in der jahreszeitlichen Stellung der Sterne ablesen lässt. Mit den Sternen wechselten Frühling, Sommer, Herbst und Winter, der Stand der Sterne schien geradezu das Signal für den Zug der Herden und der Vögel, für das Erwachen der Natur, das Wachsen und Gedeihen der Vegetation, für Reifen und Ernte, für Regen, Sturm und Kälte zu sein.

Sternbilder aller Jahreszeiten schlugen sich in Sagen und Geschichten nieder, und diese wurden wie alle Sagen mündlich tradiert, von Generation zu Generation weitergegeben. Mehr als der Sommer haben sich die langen Winternächte und die besonders eindrucksvollen Wintersternbilder in den Sagen niedergeschlagen. Eine ganz besondere Rolle spielen kalendarisch herausragende Daten wie die Sonnenwenden und die Tag-und-Nacht-Gleichen, wobei hierbei wieder dem Winteranfang mit der Wintersonnenwende die wichtigste Gruppe von Sagen zuzuschreiben ist.

Die antike Mythologie ist stark durch Sternbilder geprägt. So finden wir in den griechischen Sagen Götter, Helden und Dämonen, die als Sternbilder den Himmel bevölkern. Die Sonne, der Mond und die Planeten werden in vielen Kulturen wegen ihrer Sonderstellung am Himmel mit mächtigen Göttern identifiziert.

Auch viele der einheimischen Sagen Mitteleuropas beziehen sich auf den Sternhimmel. Der Bezug zum Sternhimmel ist aber in der Überlieferung, wie sie zumeist von den Sagensammlern des 19. Jahrhunderts schriftlich fixiert wurde, nur bei verhältnismäßig wenigen Sagen deutlich vermerkt. Viele andere Sagen lassen nicht explizit die Beziehung zu den Sternbildern erkennen; der jahreszeitliche Bezug und damit die kalendarische Verbindung lassen aber häufig den Schluss zu, dass die Sage sich aus der Deutung eines Sternbildes ergibt. Manchmal ist die Interpretation als Sternbildsage erst durch Vergleich von mehreren Sagen mit verwandten Motiven und Handlungen abzuleiten, ohne dass ein Sternbildzusammenhang bewiesen werden kann. Vermutlich sind auch in vielen anderen – hier nicht aufgeführten – Sagen Sternbildbezüge enthalten, die schlecht erkennbar sind, weil z. B. die jahrezeitliche Einordnung in der Überlieferung verloren gegangen ist. Naturgemäß bieten Sagen einen weiten Spielraum für ihre Deutung. Auch wenn nicht in jedem Einzelfall der Sternbildbezug zweifelsfrei ist, so macht doch die Zusammenstellung der Sagen, die auf Sternbilder hinzuweisen scheinen, deutlich, dass die Sternbildsagen eine ganz wichtige Gruppe einheimischer Überlieferungen darstellen. Als Sternbildsagen werden hier solche Sagen bezeichnet, die ihrem Inhalt nach mit Sternbildern zusammenhängen oder bei denen ein solcher Zusammenhang zumindest wahrscheinlich ist.

Im folgenden sind Sagen aus Thüringen und angrenzenden Gebieten – Niedersachsen, Sachsen-Anhalt, Sachsen, Franken und Hessen – zusammengestellt, die eine jahreszeitliche Zuordnung besitzen und sich als Sternbildsagen interpretieren lassen.

In den einheimischen Sagen begegnen wir vielfach Motiven, die sich als direkte Parallelen zu den antiken Sternbildern und Sternbildsagen zu erkennen geben. Es gibt jedoch auch ganz andere Interpretationen der Konstellationen am Himmel, als wir sie aus der Mythologie des Mittelmeer-Raumes kennen. Mit ihnen tut sich eine neue Welt faszinierender, bodenständiger himmels- und kalenderbezogener Traditionen auf, die wahrscheinlich sehr tief reichende Wurzeln hat. Viele der Sagenmotive kamen wohl nicht erst aus dem Mittelalter auf uns, sondern stammen schon aus der Vorgeschichte, ja vielfach wohl bereits aus der Zeit der frühen einheimischen Ackerbaukulturen der Bronze- und der Jungsteinzeit. Da gerade in der Jungsteinzeit der Raum um den Harz – vor allem im Nordosten, Osten und Südosten – ein über praktisch drei Jahrtausende hinweg besonders intensiv besiedelter und landwirtschaftlich genutzter Bereich war, ist davon auszugehen, dass in dieser Zeit hier entwickelte Traditionen und Überlieferungen weit nach Mitteleuropa und wohl auch darüber hinaus ausstrahlten. Die kalenderbezogenen Handlungen und Motive der einheimischen Sagen künden von der frühen Bedeutung einer systematischen Beobachtung des Himmels und von der allegorischen Interpretation der Verteilung der Gestirne am Himmel und ihrer Bewegung im Tages- und Jahreslauf.

So möchte diese Zusammenstellung von Sagen Begeisterung für eine sehr alte Schicht mündlicher Traditionen wecken. Diese Sagen sollten als Ausdruck früherer nützlicher, ja praktisch unverzichtbarer und doch zugleich stark emotionsgeladener und zutiefst religiös geprägter Denkweisen begriffen werden. In diesem Sinne sind gerade die Sternbildsagen als unschätzbare Quelle frühen Gedanken- und Kulturgutes, aber auch als ergreifende und bewegende heimatliche Überlieferungen zu verstehen.

Für die Durchsicht des Manuskripts unter astronomischen Gesichtspunkten und kritische Hinweise danke ich Johann Dorschner ganz herzlich.

M. Köhler, im August 2009

FRÜHJAHRSSAGEN

Der ewige Fuhrmann

Einmal wollte ein Bauer an einem Stillen Freitag, dem Karfreitag, heimlich Holz aus dem Wald holen. Er hatte sich überlegt, dass an diesem hohen Feiertag der Förster nicht im Walde sei und er so ungestört seine Fuhre nach Hause bringen könne. Der Knecht machte Einwände wegen des hohen Feiertages, aber der Bauer ließ keine Bedenken gelten, und so musste der Knecht wohl oder übel mitkommen. Die beiden schlugen im Wald Holz und hatten bald ihren Wagen voll. Während der Knecht auf Geheiß des Bauern bereits mit dem Wagen nach Hause fahren sollte, machte es sich der Bauer auf einem Baumstumpf bequem und rauchte in aller Gemütlichkeit eine Pfeife. Als er sich jedoch auf den Heimweg begeben wollte und aufzustehen versuchte, konnte er sich nicht erheben. Er war auf dem Baumstumpf festgemacht und musste sitzen bleiben, wie er saß.

Der Knecht wunderte sich sehr, als sein Herr so lange auf sich warten ließ und beschloss schließlich, im Wald nach ihm zu sehen. Er war sehr erstaunt, seinen Herrn in einer so misslichen und unerklärlichen Lage vorzufinden. Da es ihm nicht gelang, den Bauern zu befreien, blieb ihm nichts weiter übrig, als den Baumstumpf durchzusägen. Während die Säge durch den Stumpf schnitt, blutete das Holz grässlich.

Der Bauer konnte zwar mit dem angewachsenen Rest des Baumstumpfs nach Hause gehen. Er wurde später aber als Sternbild an den Himmel versetzt. Dort muss er für ewige Zeiten den Wagen fahren. Sein Fuhrwerk sind die Plejaden, das Siebengestirn, von dem vier Sterne die Räder darstellen, während die drei übrigen die Pferde verkörpern.[1]

Mit dem Hinweis auf Fuhrmann und Plejaden ist diese Sage unmittelbar als Sternbildsage ausgewiesen. Die Handlung am Karfreitag stellt die Sage in das zeitige Frühjahr. Die Plejaden sind zu dieser Jahreszeit nur am Abend kurz vor ihrem Untergang zu sehen. Der Termin der letzten Sichtbarkeit der untergehenden Plejaden am Abend wird allgemein als Eckdatum für den Beginn des Ackerbaujahres in der Vorgeschichte angenommen. Der Hauptstern Capella des Sternbildes Fuhrmann ist in unseren Breiten zirkumpolar, d. h. er sinkt nie unter den Horizont. So scheint es, als ob der Fuhrmann mit Capella die unter ihnen stehenden Plejaden auch während ihrer Nichtsichtbarkeit führen würde. In Frühlings- und Frühsommernächten, während die Plejaden unter dem Horizont stehen, findet sich Capella eher unauffällig tief im Norden. Mit dem Aufstieg in der späten Nacht scheint der Fuhrmann dann das Wiedererscheinen der Plejaden in der Morgendämmerung zu leiten.

Frau Perchtas Bier in Döbritz

Bei Döbritz im Orlagau gibt es einen dreieckigen Acker, auf dem Frau Perchta zur Frühlingszeit zu pflügen pflegt. Dort begegnete einstmals die Perchta zur Abendzeit einem Mädchen.

Das Mädchen war von Döbritz nach Bodelwitz geschickt worden, um Bier zu holen. Als es auf dem Rückweg bei dem dreieckigen Acker vorüberkam, rief Perchta, die auf ihrem Pflug saß, sie an, und forderte das Bier.

Mit sichtlichem Behagen trank die vom Pflügen durstig gewordene Perchta die ganze Kanne leer. Das arme Mädchen, das nicht zu widersprechen wagte, musste mit ansehen, wie erst das Bier verschwand und dann noch, wie Perchta den Rock hob und ihr Wasser in die Kanne ließ.

Perchta gab dem erschrockenen Mädchen die auf diese Weise wieder gefüllte Kanne zurück, sprach zu ihm: „Komm bald wieder!" und stopfte ihm dabei noch einige Holzspäne in den Schuh.

Das Mädchen wagte nicht zu widersprechen und brachte die Kanne nach Hause, wie es sie von Perchta erhalten hatte. Mit Grauen und Verwunderung sah es dann, wie die ihren sich das mitgebrachte Perchten-

Bier schmecken ließen. Ganz anders als das Mädchen es erwartet hatte, schien der Inhalt der Kanne köstlich zu sein und außerdem unerschöpflich, denn sooft auch ausgeschenkt wurde, kam immer frisches Bier aus der Kanne.

Beim Ausziehen fand das Mädchen in seinem Schuh anstelle der Holzspäne sechs Goldstücke. Erst wollte das Mädchen nicht erzählen, was ihm widerfahren war. Aber schließlich erzählte es doch alles. Da war es mit dem Wunderbier aus der Kanne vorbei, und der Segen hatte ein Ende.[2]

Im Gegensatz zu den meisten anderen Perchten- und Frau-Holle-Sagen spielt diese Sage nicht zur Zeit der Wintersonnenwende, sondern im zeitigen Frühjahr, zur Zeit des Frühjahrspflügens und der Aussaat. Capella und der Fuhrmann neigen sich zu dieser Jahreszeit schon am Abendhimmel dem westlichen Horizont zu. Auch der Stier und die Plejaden stehen jetzt nicht mehr sehr weit über dem abendlichen Horizont. Mit großer Wahrscheinlichkeit ist Perchta mit dem Fuhrmann, dem Zügelhalter, zu identifizieren, der hier die Rolle des Pflügers übernimmt. Das ebenfalls im Niedergang befindliche Sternbild Stier passt als Zugtier zum Bild des Pflügens.

Die astrale Interpretation der Sage wird stark durch die Geschenke der Perchta gestützt. Zum einen ist der endlose Strom des Bieres aus der Kanne am ehesten mit dem Band der Milchstraße in Verbindung zu bringen, die in vielen Sagen als Strom oder Fluss in Erscheinung tritt. Zum anderen kommt das Motiv der sechs Goldstücke vor, die aus den von Perchta geschenkten Holzspänen entstehen und in denen zweifellos die Gruppe der sechs hellsten Sterne der Plejaden zu sehen ist. Mit großer Wahrscheinlichkeit spiegelt die Sage ein uraltes Kalendermotiv wider: Die tief stehenden und schon am Abend untergehenden Plejaden markieren den Beginn der landwirtschaftlichen Frühjahrsarbeiten und damit den Anfang des bäuerlichen Jahres.

Das Riesenspielzeug

Hoch über der Schwarza wohnten vor langer Zeit auf der Hünenkoppe bei Blankenburg Riesen. Einmal sah eine Prinzessin der Riesen im weiten unteren Schwarzatal einen Bauern, der seinen Acker pflügte. Dem Riesenkind gefiel der Mensch mit seinem Pflug, und so nahm es den Bauern mit seinen Ochsen und seinem Pflug, barg alles in seiner Schürze und trug es nach Hause.

Ganz begeistert zeigte die Riesenprinzessin ihrer Mutter, was sie gefunden hatte. Doch diese teilte ihre Freude ganz und gar nicht. Vielmehr sprach sie ganz ernst zu ihrer Tochter: „Kind, trage die niedlichen Geschöpfe wieder hinunter, sie sind überaus nützlich, denn sie durchwühlen die Erde und streuen gelben Sand hinein, daraus wachsen zarte Grashalme, und die geben dann das Korn, aus dessen Mehl wir unser Brot backen!"

Die Prinzessin trug den Bauern rasch zurück. Dieser war vor Staunen und Schrecken halbtot. Das Riesenkind tröstete und streichelte den Bauern und seine Tiere liebevoll und setzte alles mit größter Vorsicht unversehrt wieder auf dem Acker ab.[3]

Aufgrund der beschriebenen Tätigkeit des Pflügens handelt es sich wahrscheinlich bei dieser Sage um eine in den Frühling gehörende Kalendersage. Die ganze Schilderung hat Lehrcharakter und weist auf die lebenswichtige Tätigkeit des Ackerbaus hin. In der Antike und der Vorgeschichte wird das ackerbauliche Schaffen im Jahreskreis häufig mit dem Verschwinden der Plejaden am westlichen Abendhimmel eingeleitet. Die Vorbereitung des Feldes im zeitigen Frühjahr wird in der Sage als Voraussetzung für Aussaat und Ernte, für Mehl und Brot als Lebensgrundlage dargestellt. Die Motive passen dabei gut zu den am abendlichen Himmel des zeitigen Frühjahrs sichtbaren Sternbildern: Pflug und Ochsen finden wir im Sternbild Stier, im Orion wird wohl der pflügende Bauer zu erblicken sein. Die Plejaden als Symbol für die Vielzahl kleiner Dinge finden in der Sage in Gestalt der gelben Samenkörner ihre Entsprechung.

Hackelnbergs Grab

Vor vielen Jahren lebte im Solling der Oberförster Hackelnberg. Es geschah, dass dieser in drei aufeinanderfolgenden Nächten den gleichen Albtraum hatte: Er war auf der Jagd, schoss einen großen Keiler, dieser tötete ihn jedoch. Als der Förster seiner Frau von dem wiederholten seltsamen Traum erzählt, bat sie ihn, nicht mit auf die nächste Jagd zu gehen. Der Förster folgte dem Bitten seiner Frau und blieb zu Hause.

Tatsächlich erlegten die Jäger einen großen Keiler und brachten ihn am Abend zur Försterei. Hackelnberg trat hinaus in den Hof, ging zu dem stattlichen toten Tier, fasste seinen Kopf an und hob ihn etwas in die Höhe, während er halb zu sich selber sagte: „Du bist es also, der mich töten wollte, und nun bist du selbst getötet!" Als er aber den Kopf wieder fallen ließ, ritzte der eine Hauer des toten Keilers sein Bein.

Der Oberförster beachtete zunächst die kleine Wunde an seinem Bein nicht. Doch bald verschlimmerte sich der Schnitt, Hackelnberg ging es immer schlechter, und schließlich starb er an der entzündeten Wunde.

Als er im Sterben lag, meinte er, da er nun doch, ohne gejagt zu haben, sterben müsse, so wolle er ewig jagen. Deshalb wurde er an den Himmel versetzt und jagt dort bis zum Ende der Welt. Alle sieben Jahre kommt er einmal herum. Ihm voraus fliegt der Nachtrabe – ein ungewöhnlich großer schwarzer Vogel – und lässt sein „har, har!" hören. Nach dem Vogel kommen die Hunde und bellen „gif, gaf, gif, gaf!" Schließlich kommt Hackelnberg selbst, den man „to ho, to ho!" rufen hört, der aber unsichtbar ist.[4]

Für den an den Himmel versetzten Hackelnberg kommen verschiedene Sternbilder in Frage. Es erscheint zunächst naheliegend, dass er als Wilder Jäger seine Entsprechung vor allem im Orion findet. Die ihn begleitenden Hunde könnten dann sehr gut der Große und der Kleine Hund sein, der Eber vielleicht das unter dem Orion stehende Sternbild Hase (lepus). Bei dieser Interpretation wäre das vom Hauer geritzte Bein als der helle Stern Rigel anzusehen, der – wenn man davon ausgeht, dass Hackelnberg den Keilerkopf mit der rechten Hand hochhebt

– das verletzte rechte Bein verkörpern könnte. Diese Deutung würde die dargestellte Szenerie in den Wintersternhimmel stellen.

Ebenfalls zum Winterhimmel würde auch eine andere Interpretation passen, die das Sternbild Perseus als Hackelnberg deutet. Der linke Fuß des Perseus steht unmittelbar über den Plejaden, die in der germanischen Mythologie auch „Ebergedränge" genannt werden.

Die am Ende der Sage explizit formulierte Reihenfolge der Gestalten, die über den Himmel ziehen, legt jedoch eine alternative Auslegung nahe: Der Nachtrabe (Großer Wagen) fliegt dem Zug voran, ihm folgen die Hunde, als drittes Hackelnberg selbst, der wohl mit dem Sternbild Bärenhüter (Bootes, auch Rinderhirt genannt) zu identifizieren ist. Das verletzte Bein wäre dann der Stern Arctur. Diese Szenerie zeigt sich am Frühlingshimmel, so dass bei dieser Interpretation die Sage als Frühlingssage betrachtet werden muss. Schwer zu deuten ist die Mitteilung, dass Hackelnberg unsichtbar sein soll.[5]

Der Riese Tod bei Neunhofen

Bei Neunhofen im Orlatal hauste einst ein Riese namens Tod. Zur Frühlingszeit saß er auf der Spitze des Totensteins, einem Felsstück, und plantschte mit den Füßen in der unten vorbeifließenden Orla. In der zwölften Stunde drehte er sich von Süden nach Westen und setzte seinen Fuß über die gegenüberliegende Anhöhe. Dann verschwand er in einem großen Garten bei der alten Kapelle von Grobitz.[6]

Nicht nur die explizite Angabe der Jahreszeit, auch der Tageszeitbezug und besonders das Drehen des Riesen von Süd nach West sind starke Indizien für eine Sternbildsage. Sie lassen an das Sternbild Bootes denken. Im Mai, wenn die Tage wärmer und die Nächte lauer werden, geht

---

Abb. S. 14: Hackelnbergs Grab

das Sternbild Bootes (Bärenhüter oder Rinderhirte) abends im Osten auf, steht um Mitternacht dominierend hoch im Süden und sinkt gegen Morgen zum Westhorizont herab. Unschwer ist im Bootes eine menschliche Gestalt zu erkennen, die gleich einem Riesen die Szenerie der Frühlingssterne beherrscht.

Das Wunderfräulein von der Buchfarter Felsenburg

Im steilen Prallhang der Ilm befinden sich über Buchfart künstlich ausgearbeitete Höhlen. Das sind die Reste einer alten, in den Felsen gebauten Burg. Von dort zieht im Frühjahr ein braungelocktes Fräulein in weiß gleißendem Gewand ins Land hinaus. Sie hält in ihrer rechten ausgestreckten Hand einen goldenen Stab, mit dem sie das Land segnet und schützt.

Auf ihrem Reittier, einem weißen Hirsch mit goldenem Geweih, schwebt sie durch die Luft. Kleine weiße Hunde mit rotfeurigen Zungen begleiten das Wunderfräulein und seinen Hirsch. Zarte Luftgestalten umgeben die Reiterin und die Tiere. Der ganze Zug geht über die Fluren und durch die Wälder bis zum Ettersberg.

Im Herbst, wenn auch die Schäfer und Hirten die Weidezeit beenden, kehrt das Wunderfräulein mit seinem goldenen Hirsch in die Felsenburg zurück, wo sie Winterruhe halten, bevor sie im nächsten Frühjahr wieder segnend losziehen.

Sich dem Fräulein zu nähern, ist gefährlich. Denn wer die Reiterin einmal gesehen hat, kommt von ihr nicht mehr los. Immer wieder zieht es ihn zur Felsenburg. Doch wer in das unterirdische Reich des Wunderfräuleins hineingeht, kommt nie zurück.[7]

Abb. S. 17: Das Wunderfräulein von der Buchfarter Felsenburg

Diese Sage mutet sehr archaisch an. Das Wunderfräulein scheint ihrem mythischen Ursprung nach eine alte Fruchtbarkeitsgöttin zu sein, die ein besonderes Verhältnis zum Hirsch, zur Jagd, zum Wald, aber auch zu den bewirtschafteten Fluren und Weiden hat. Unverkennbar trägt sie als Hirsch-Reiterin Züge der antiken Artemis, die als Göttin des Waldes und der Jagd gleichzeitig auch das Erwachen der Natur, Frühling und Fruchtbarkeit symbolisiert. Zugleich ist sie aber auch eine chthonische Gestalt, eine Unterweltsgottheit, deren Pforte in die Unterwelt in der Felsenburg von Buchfart angesiedelt wird. Die Zuordnung zum Frühjahr passt wunderbar auf das markante Sternbild Löwe, in dem mit etwas Phantasie leicht ein Hirsch erkannt werden kann. Sein Erscheinen am winterlichen Osthimmel kündet vom kommenden Frühjahr, während des Frühjahrs dominiert er den Südhimmel, und wenn er am westlichen Abendhimmel untergeht, kündigt sich der Herbst an. Die Reiterin könnte durch das Sternbild Jungfrau dargestellt sein oder aber durch das weniger bekannte Sternbild Haare der Berenike, das über dem Sternbild Löwe (= Hirsch) am Frühlingssternhimmel steht.

Das Waldfräulein auf der Wöllmisse

Auf der Wöllmisse, dem Waldgebiet zwischen Roda- und Gembdental, lebte früher ein Waldfräulein. An bestimmten Tagen des Jahres ritt es auf einem weißen Hirsch durch sein Revier. Doch nur sehr selten kam es einem Menschen zu Gesicht. Mancher Jäger wusste von dem Waldfräulein zu berichten, aber keiner wagte es, der Spur ihres Hirsches zu folgen.

Einmal war aber doch ein Jäger sehr neugierig und wollte unbedingt das Waldfräulein sehen. Als er die Spuren ihres Reittieres fand, folgte er ihr. Es dauerte gar nicht lange, bis er den weißen Hirsch und seine stolze Reiterin erblickte. Ohne zu zögern, spannte er seinen Bogen und schoss den Pfeil ab. Dieser verfehlte jedoch sein Ziel. Seit dieser Zeit soll auf der Wöllmisse kein Jäger mehr ein Stück Wild erlegt haben.[8]

Die Sage entspricht in vielen Zügen der Überlieferung vom Wunderfräulein aus der Buchfarter Felsenburg. Das Erscheinen des Wunderfräuleins ist wohl Ausdruck dafür, dass im Frühling eine Fruchtbarkeits- und Naturgöttin vom Winter die Herrschaft übernommen hat. Der Löwe (Hirsch, auf dem das Wunderfräulein reitet) steht im März um Mitternacht in seiner höchsten Stellung am Südhimmel.

Der Hirsch mit dem goldenen Geweih

Kurfürst Friedrich der Weise soll einmal im Traum einen Hirsch mit einem goldenen Geweih mit zwanzig seltsam gewundenen Enden gesehen haben. Er verfolgte im Traum den Hirsch und kam auf dessen Spur zu einem Brunnen, über dem sich ein reich verziertes Bauwerk erhob. Am Brunnen saß eine wunderschöne, doch sehr traurige Frau. Als der Kurfürst diese trösten wollte, schwand plötzlich alles hinweg, und er erwachte.

Einige Zeit später erblickte er von seinem Schlossfenster aus zu seinem Erstaunen tatsächlich den im Traum gesehenen Hirsch. Rasch ließ er sein Ross satteln und jagte dem wundersamen Tier nach. Wie im Traum kam er auch in Wirklichkeit zu dem Brunnen und fand dort tatsächlich die traurige Schöne. Von ihrer Schönheit und Trauer war er so ergriffen, dass er sie bat, ihm ihren Kummer zu offenbaren und versprach ihr seinen ritterlichen Dienst. Kurze Zeit darauf lud ihn die Dame zu einem prunkvollen Fest ein, trat dort reich gekleidet und geschmückt auf und bat schließlich den Kurfürsten über einen Zwerg zu sich in den Garten. Dort schenkte sie ihm einen Handschuh und einen Schleier und forderte ihn auf, zu ihrer Ehre nach Palästina zum Heiligen Grab zu reisen.

Der Kurfürst war ganz und gar nicht begeistert von diesem Auftrag und wäre viel lieber bei der schönen Dame geblieben. Aber da er sein ritterliches Wort gegeben hatte, blieb ihm nichts anderes übrig, als der Aufforderung nachzukommen und alle Schwierigkeiten und Gefahren der weiten Reise auf sich zu nehmen. Auch als er schließlich wohlbehalten aus dem Heiligen Land zurückkam, erwarteten ihn neue Reiseaufträge, die ihm erst nach Jahresfrist gestatteten, wieder auf Dauer in die Heimat zurückzukehren.

Es heißt, die schöne Dame sei die Truthine Hulda gewesen, ein dämonisches Wesen, das den Fürsten an sich zu binden suchte. Doch es sollte ihr nicht gelingen, den Fürsten ganz in ihren Bann zu bringen. Zwischen Jena, Mellingen und Magdala soll noch der Brunnenpalast stehen, an dem sich von Zeit zu Zeit in der Morgen- oder der Abenddämmerung der goldene Hirsch sehen lässt. Manchmal sieht man ihn allein, manchmal aber auch mit der seltsamen Frau, die auf ihm reitet.[9]

Da die künstlerisch überformte Sage keine direkte Angabe der Jahreszeit enthält, kann nur vermutet werden, dass es sich um eine Frühlingssage handelt, weil weibliche Anziehungskraft, Natur und Brunnen als Symbole für Fruchtbarkeitsmythen ins Frühjahr gehören.

Die Gestalt der auf dem Hirsch reitenden schönen Frau erinnert stark an Artemis, die hirschreitende römische Göttin des Waldes und der Jagd – auch sie ein Bild des Frühlings und der aufblühenden Natur. Am Himmel gibt es kein Sternbild Hirsch, aber mit dem Löwen steht eines der markantesten Sternbilder, das einer Tiergestalt ähnelt, dominierend am Frühlingshimmel. In seiner unmittelbaren Umgebung finden wir mit dem Sternbild Jungfrau und dem darüber stehenden Sternbild Haare der Berenike zwei Sternbilder, die zu der weiblichen Gestalt der Sage passen. So kann man vermuten, dass das Sternbild Löwe in der einheimischen Mythologie als Hirsch bezeichnet wird. Die Kopf- und Mähnensterne, die vom trapezförmigen Körper des Tieres bogenförmig nach rechts oben gehen, können leicht auch als Geweih eines Hirschs gedeutet werden. Nimmt man einen frühen Ursprung der Sage an, so ist die Zuordnung zu dem in Mitteleuropa häufig vorkommenden Hirsch plausibel, während für das Sternbild die Bezeichnung Löwe eher exotisch erscheint. Um das Bild komplett zu machen, kann man vielleicht im Bärenhüter, der unschwer als aufrecht stehende menschliche Gestalt gesehen werden kann, den Ritter bzw. den Kurfürsten wiedererkennen.

Abb. S. 21: Der Hirsch mit dem goldenen Geweih

Die Nachtjägerin von der Buchfarter Felsenburg

In den Höhlen und Ruinen des merkwürdigen Felsenschlosses über der Ilm bei Buchfart ist in manchen Nächten ein seltsames Tosen zu vernehmen. Flammen schlagen aus den leeren Öffnungen der Fenster und Felsenkammern. Dann zieht die Nachtjägerin auf einem Hirsch mit goldenem Geweih reitend durch die Luft. Ihr folgen kleine weiße, kläffende Hunde, deren rote Zungen feurig aus dem Rachen hängen.[10]

Nur im Kontext der beiden vorangestellten Sagen lässt sich diese Sage als Sternbildsage vorstellen. Der Hirsch kann möglicherweise in Analogie zu den beiden anderen Sagen mit dem Sternbild Löwe identifiziert werden.

Der Hirsch in den Kammerlöchern

In den Kammerlöchern oberhalb von Angelroda zeigt sich Sonntagskindern zuweilen ein Hirsch mit goldenem Geweih. Wenn man ein Sonntagskind ist, kann man den Hirsch fangen und ihn in die Tiefe der größten Felsspalte führen. Dort schlägt der Hirsch mit seinem Geweih an das Gestein, wobei das Geweih abfällt, und es öffnet sich ein unterirdischer Gang, der zu den reichen Schätzen im Inneren des Berges führt. Das goldende Geweih und die Schätze kann das glückliche Sonntagskind an sich nehmen. Dem Hirsch wächst übers Jahr ein neues goldenes Geweih. Doch nicht in jedem Jahr findet sich ein Glücklicher, der den Hirsch erblickt und in die Höhle führt.

Es wird auch berichtet, dass der Hirsch von einer wilden Jagdfrau geritten wird. Diese lässt sich manchmal im Ilmtal sehen.[11]

Wie bei der vorigen Sage lassen sich auch hier die jahreszeitliche Zuordnung und der Sternbildbezug nur im Zusammenhang mit vorangegangenen Sagen vorstellen. Danach könnte der Hirsch mit dem Frühlingssternbild Löwe identifiziert werden. Die ausgangs erwähnte, den Hirsch reitende wilde Frau passt zur antiken Jagdgöttin Artemis, vielleicht auch zu einer dieser mythologisch vorausgehenden gemein-indogermanischen weiblichen Natur- und Jagdgottheit.

Markgraf Albrecht der Bär und die Gründung von Herzberg

Der Ursprung der Stadt Herzberg am Harz soll auf Markgraf Albrecht den Bären zurückgehen. Der Markgraf war ein berühmter Jäger. Eines Tages jagte er in den sogenannten beerwaldischen Heiden im südlichen Harz. Da stieß er auf einen Hirsch mit prächtigem Geweih. Er stellte ihm nach und wollte ihn unbedingt erlegen. Doch er war lange Zeit erfolglos. Immer wieder glückte es dem Hirsch zu entkommen.

Nach langem, vergeblichen Bemühen gelang es dem Markgrafen schließlich doch, das Tier zu stellen. Er schoss ihm durch den Kopf und erlegte so den prächtigen Hirsch. Genau an der Stelle, an der der Hirsch zur Strecke gebracht wurde, wurde die Stadt Herzberg angelegt. Das Geweih des Hirsches und Albrechts Hand mit dem Bogen sollen noch bis in das sechzehnte Jahrhundert hinein auf dem Schloss Herzberg zu sehen gewesen sein. Auch das alte und große Stadtsiegel scheint die Tat zu beweisen.[12]

Auch diesem Sagentext fehlt zwar der unmittelbare jahreszeitliche Bezug. Doch die Handlung passt in die Reihe der Frühlingssagen. Jäger und Bogen sind im Bootes und der links neben ihm stehenden Nördlichen Krone zu sehen, die im Mai um Mitternacht hoch am Südhimmel stehen. Wie ein Attribut zum Namen des Jägers steht rechts von ihnen das Sternbild Großer Bär, dazwischen erscheinen – ebenfalls hoch am Himmel – passend zur ganzen Geschichte die Jagdhunde. Das Sternbild Löwe, in dem wohl der gejagte Hirsch zu erkennen ist, senkt sich im Mai zu Mitternacht schon am Westhimmel herab. Der geneigte Körper und das gesenkte Geweih unterstreichen die Fluchtbewegung des Tieres.

Die Weiße Jungfrau auf dem Engelsberg

Auf dem Engelsberg sollen zwei Dörfer gestanden haben, die im Dreißigjährigen Krieg ausgeplündert, niedergebrannt und nie wieder aufgebaut worden sein sollen. Dort lässt sich aller sieben Jahre am Morgen des ersten Pfingsttages eine Weiße Jungfrau sehen. Sie steht der glutrot aufgehenden Sonne gegenüber und verschwindet dann in einem der Kellerlöcher, die von den Ruinen der Dörfer übriggeblieben sind.[13]

Die Angabe der Jahreszeit in Gestalt des Pfingstfestes und der ausdrückliche Hinweis auf die aufgehende Sonne sprechen für einen astralen Bezug dieser Sage. Die der aufgehenden Sonne gegenüberliegende Position der Jungfrau stützt die Annahme, dass die Gestalt am morgendlichen Westhimmel zu suchen ist. Dazu passt auch die Nachricht vom Verschwinden der Jungfrau, das dem Niedersinken des Sternbildes und seinem gleichzeitigen Verblassen in der Morgendämmerung entspricht.
Während das Sternbild Jungfrau zur Pfingstzeit schon vor der Morgendämmerung untergeht, könnte die Gestalt des Bärenhüters (Bootes) als in der Morgendämmerung nach Westen herabsinkende und blasser werdende Jungfrau aufgefasst werden. Interessant ist der Hinweis, dass die Erscheinung nur aller sieben Jahre zu beobachten ist. Diese Mitteilung stützt ganz stark den kalendarischen Charakter der Sage und damit auch die Deutung als Sternbildsage. Durch den Wechsel des Pfingstdatums mit den Mondphasen ergibt sich ein mehrjähriger Rhythmus, in dessen Verlauf das Pfingstfest je einmal früh im Jahr (um Anfang Mai) und einmal spät im Jahr (um Anfang Juni) liegt. Das früh im Jahr

liegende Pfingstfest bedeutet, dass die Gestalt des Bootes im Licht des anbrechenden Tages verschwindet, wenn sie noch deutlich über dem Horizont steht. Im Falle des später im Jahr liegenden Pfingstfestes ist das gleiche Sternbild schon näher am Horizont, wenn die Sonne aufgeht, das heißt, die Gestalt versinkt, bevor sie verblasst. In der Sage spiegelt sich möglicherweise ein an den Pfingstmorgen gekoppeltes Ritual des bäuerlichen Jahreskreises wider, dessen Wurzeln vielleicht noch in vorchristlicher Zeit zu suchen sein könnten.

Räuber Henning am Heldrastein

In einer Höhle in den wilden Klüften des Heldrasteins bei Treffurt hauste vor vielen Jahren der Räuber Henning. Keiner kannte sein Versteck, so dass er immer wieder seine Raubzüge in die Umgebung unternehmen konnte, ohne dass er gefunden wurde.

Eines Tages raubte Henning ein Mädchen aus Heldra und brachte es hinauf in seine Höhle. Das Mädchen musste ihm dienen und durfte das Versteck nicht verlassen. Als es aber immer wieder bat, einmal nach Hause gehen zu dürfen, gelang es dem Mädchen schließlich, sein Herz zu erweichen, und der Räuber erlaubte ihm, am Himmelfahrtstag für eine Stunde seine Familie zu besuchen. Es musste ihm aber schwören, pünktlich wiederzukommen und keinem Menschen zu verraten, woher sie komme und wohin sie gehe.

Das Mädchen begab sich ins Dorf und wurde mit großer Freude empfangen. Doch als alle fragten, wo es gewesen sei, schwieg es beharrlich und brach seinen Eid nicht. Unter Tränen verabschiedete es sich von den Eltern und Brüdern.

Es hatte aber seine Schürze mit Erbsen gefüllt und streute diese auf dem Weg einzeln aus. Die Brüder verstanden das Zeichen, und gemeinsam mit anderen mutigen Burschen des Dorfes folgten sie der Spur. Bald hatten die jungen Männer die Höhe des Heldrasteins erreicht. Sie fanden die Höhle, erschlugen den Räuber und befreiten das Mädchen.[14]

Mit etwas Phantasie lassen sich mehrere Sternbilder in der Sage wiedererkennen. Das Mädchen ist wahrscheinlich im Sternbild Jungfrau zu sehen, das im späten Frühjahr abends schon nahe dem Westhorizont steht. Im Süden reihen sich hinter der Jungfrau Sterne des Sternbilds Schlange aneinander, die als die auf dem Weg ausgelegten Erbsen gedeutet werden könnten. Der Räuber, der das Mädchen entführt und gefangen hält, könnte im Bild des Bootes (Bärenhüter oder Rinderhirt) gesehen werden. Symbolisch für die Helden, die dem Mädchen folgen und den Räuber in seiner Höhle finden, könnte das den mitternächtlichen Spätfrühlingshimmel beherrschende Sternbild Herkules sein.

Perlenfischerei an der Topfsteinbachquelle bei Helfta

Südlich von Helfta entspringt der Topfsteinbach. Das Wasser dieses Baches soll wundersame Heilkräfte haben. Außerdem soll es große Schätze bergen, die jedoch den größten Teil des Jahres unzugänglich sind. Nur am Goldenen Sonntag lassen sich Goldkörner und Perlen von demjenigen finden, der um Mitternacht – nach anderer Nachricht zum Sonnenaufgang – schweigend Wasser aus der Quelle schöpft.[15]

Als Goldener Sonntag wird der erste Sonntag nach Pfingsten (Trinitatis) bezeichnet. Denkbar ist jedoch, dass die Sage sich ursprünglich auf die etwas später liegende Sommersonnenwende bezog. Zu dieser Zeit, wenn die Nächte kurz sind und die Morgendämmerung früh beginnt, steigen die Plejaden über den östlichen Horizont, kurz bevor der Sternhimmel verblasst. Goldkörner und Perlen könnten sich – zumindest beim frühmorgendlichen Schöpfen – auf dieses sommerliche Erscheinen der Plejaden beziehen.

SOMMERSAGEN

Die feurige Hundemeute bei Haufeld

Auf der weiten Höhe der Saale-Ilm-Platte kann man in der Johannisnacht, aber auch während Mond- oder Sonnenfinsternissen eine wilde Meute bellender Hunde vorüberjagen sehen. Die Hunde ziehen eine feurige Spur hinter sich her. Ein besonders großer Hund führt die Meute mit großen Sätzen an.

Es ist nicht ratsam, den Hunden in die Quere zu kommen. Wer sich dennoch aus seinem Haus wagt, kann wie vom Blitz getroffen auf der Stelle liegen bleiben. Es heißt, der große Hund sei der Teufel selbst.[16]

Die Ansiedlung der Sage in der Johannisnacht und der Zusammenhang mit Mond- und Sonnenfinsternissen sind ein starker Hinweis auf den astralen Bezug der Sage. Die Beschreibung wild daherjagender Hunde passt zum Namen des Sternbildes Jagdhunde, das im Frühjahr und Frühsommer besonders hoch am Himmel steht. Dieses Sternbild wurde zwar erst spät in die offizielle Astronomie eingeführt, geht aber vielleicht trotzdem auf alte Vorstellungen zurück.

Der Wilde Reiter im Braunen Moor

Auf dem Teufelsstein hauste früher ein Wilder Reiter namens Heinz, vor dem niemand sicher war. Oft entführte er hübsche junge Mädchen, entehrte sie und sperrte sie – wenn er ihrer überdrüssig geworden war – in einem Turm ein, wo sie jämmerlich zugrunde gingen.

Einmal begegnete dem Wilden Reiter ein Mädchen namens Else, das im Wald Johanniskraut sammelte. Zunächst versuchte er im Guten, Else zu bewegen, ihm auf sein Schloss zu folgen, doch sie wies ihn ab. Schließlich wollte er mit Gewalt bekommen, was er durch süße Reden nicht erreichen konnte. Doch in diesem Moment packte ihn plötzlich von hinten ein schauerliches Gerippe und sprach: „Halt, deine Zeit ist um!"

Dem Reiter verging Hören und Sehen, und auch nachdem ihn das Gespenst wieder losgelassen hatte, irrte er durch die ihm eigentlich gut bekannte Gegend. Schließlich geriet er ins Braune Moor und versank dort.

Der Geist des Wilden Reiters findet aber im Grab keine Ruhe. Um Mitternacht steigt er aus dem Moor empor, seufzt und schreit mit den Eulen. Seine Burg wurde in seiner Todesstunde vom Teufel zerstört.[17]

Die Sage spielt zur Zeit der Sommersonnenwende, wenn das Johanniskraut blüht. Wenn es sich um eine Sternbildsage handelt, so ist am ehesten im Sternbild Jungfrau das Mädchen Else, im Bärenhüter die Gestalt des Wilden Reiters Heinz zu sehen.

Hackelnbergs Umzug

Viele Sagen schildern den Zug Hackelnbergs durch die Luft. Fast immer ist von den Hunden, die ihn begleiten, die Rede. Äfft man sein Rufen nach, so läuft man Gefahr, im Wilden Zug mitgenommen zu werden oder zumindest einen Pferdeschädel vom Himmel herabgeworfen zu bekommen, den man dann abnagen muss. Mancherorts wird erzählt, dass Hackelnberg seinen Umzug in einer bestimmten Juninacht hält.[18]

Für Hackelnberg (auch: Hackelberg) bieten die Sagen offensichtlich mehrere astrale Zuordnungsmöglichkeiten an. Neben dem Großen Wagen (Herbst) passt der Orion mit dem Großen und dem Kleinen Hund (Winter) zu den Sagen vom Wilden Jäger. In der hier wiedergegebenen sagenhaften Nachricht wird jedoch eindeutig Bezug auf den Frühsommer genommen, weshalb Hackelnberg nicht mit dem Wintersternbild Orion identifiziert werden kann, sondern eher im Sternbild Bootes (Rinderhirte, Bärenhüter) zu sehen sein könnte.

Der gerettete Knabe an der Stoffelskuppe

Ein Knabe hatte an der Stoffelskuppe für seine Mutter, die zu Hause krank darniederlag, Erdbeeren gesammelt. Vom Aufstieg und dem langen Sammeln war er ermüdet. Er setzte sich um auszuruhen unweit des Gipfels ins weiche Moos. Bald war er eingeschlafen.

Als er erwachte, war es bereits stockdunkel. Da erschrak der Knabe sehr. Er weinte und rief nach seiner Mutter. Er ängstigte sich immer mehr und betete zu Gott, dass er ihm helfen möge.

Da trat plötzlich eine schöne Jungfrauengestalt auf ihn zu. Sie tröstete ihn, streichelte seine Wangen und rief dann einen großen zottigen

Hund herbei. Auf den musste sich der Knabe setzen. Die Jungfrau wies ihn an, sich gut festzuhalten und nicht zu fürchten, und schon stürzte der Hund mit seinem kleinen Reiter den Berg hinunter und dem Dorfe entgegen. Im Nu war der Knabe vor dem Haus seiner Mutter. Dort stieg er von seinem seltsamen Reittier. Als er sich umsah, war der Hund bereits verschwunden.[19]

Die Tätigkeit des Erdbeersammelns macht die Sage jahreszeitlich im Frühsommer fest; die Nachtzeit der Handlung spricht für einen Bezug zum Sternhimmel. Für die Gestalt der Jungfrau kommt neben dem am tieferen Südhimmel stehenden gleichnamigen Sternbild das des menschengestaltigen Bärenhüters in Frage. Der Hund wird wohl am ehesten durch den Löwen verkörpert sein. Dieses Frühlingssternbild ist im Frühsommer bereits im Niedergang begriffen und stürzt dem Westhorizont zu, so dass das Bild zu dem in der Sage mitgeteilten rasanten Abwärtsritt vom Gipfel über den steilen Berghang zum Dorf passen würde.

Die Wilde Jagd bei Motten

Zwei junge Männer aus Motten hatten an einem schönen Sonntagnachmittag ihre Bräute in Altenhof besucht. Es war die Zeit der Heuernte, und sie hatten keine Bedenken, erst spät in der Sommernacht zurückzulaufen. So verabredeten sie sich für eine halbe Stunde vor Mitternacht für den gemeinsamen Heimweg.

Die beiden Männer trafen sich am späten Abend pünktlich und schlugen den Weg nach Motten ein. Als sie gerade an einem an der Straße stehenden Kreuz vorübergingen, setzte plötzlich ein starker Sturmwind ein. Von allen Seiten war das Bellen von Hunden zu hören, aber nichts zu sehen. Die beiden Freunde packte die Furcht, und sie hielten sich gegenseitig fest.

Da sahen sie plötzlich einen hellen Schimmer, und unter donnerndem Getöse kam ein Wagen angerast. Der auf dem Bock sitzende Kutscher hieb wie verrückt auf die Pferde ein. Als das Fuhrwerk auf Höhe der beiden jungen Männer war, wurde einer der beiden, der rechts stehende Jakob, von unsichtbarer Hand ergriffen. Ehe er sich versah, war er im Wagen und musste mit. Vor Angst von Sinnen, bekam er nicht mit, wohin die Fahrt ging. Erst viele Stunden später kam er wieder zu Bewusstsein und erwachte am hellen Tage auf einer Wiese bei dem Dorf Rothemann. Um ihn herum waren die Leute gerade beim Mähen.

Jakob lief nach Hause und traf dort, als er endlich am Abend ankam, auch seinen Freund wieder. Dieser war durch den Sturm in eine Hecke getrieben worden und dort hängen geblieben. So hatte die schreckliche Nacht für beide einen glimpflichen Ausgang, doch beide konnten sich nicht erklären, was passiert war, und die schrecklichen Erinnerungen konnten sie zeitlebens nicht loswerden.[20]

Diese Frühsommersage gehört zur Gruppe der im Sommer spielenden Sagen von der Wilden Jagd. Die beschriebenen Schrecken und der Sturm scheinen so gar nicht zur Kürze und zum friedlichen Bild einer milden Frühsommernacht zu passen. So kann man diese Art von Sagen wohl nur als Gegenstück zu den Wintersonnenwendsagen verstehen. Vielleicht stellen sie eine Allegorie auf die Gegenpole des Jahreslaufs dar, auf die Unvermeidlichkeit des Wechsels zwischen kalter und warmer Jahreszeit und damit auch auf die immer wiederkehrenden Probleme der kalten Jahreszeit mit der niedergehenden Sonne und des Winters.

Die beschriebenen Erscheinungen lassen sich gut durch Sternbilder deuten. Das heranrasende Fuhrwerk ist wohl der Große Wagen, der um Mitternacht leicht geneigt am Westhimmel steht. Die beiden betroffenen Männer sind sicherlich mit den bereits vor Mitternacht untergehenden Zwillingen zu identifizieren. Ihr Schicksal – das Verwehen im Sturm und das Hinwegnehmen mit dem Wagen – passt gut zum Verschwinden der beiden hellen Sterne Castor und Pollux hinter dem Westhorizont.

Die Wache am Grab

In Poppenhausen hatte sich der Heckenmüller 700 Taler vom alten Hannes geborgt. Als er ihm endlich das Geld zurückgeben wollte, antwortete der Hannes, er sei schon alt, es gehe mit ihm bald zu Ende. Er schenke ihm unter einer Bedingung das Geld: Er müsse ihm versprechen, an seinem Grab in den ersten drei Nächten Wache zu halten.

Der Heckenmüller ging gern auf das Angebot ein und sagte dem alten Hannes die Wache zu. Wenig später, an einem Frühsommertag, starb Hannes und wurde begraben. Der Heckenmüller stand zu seinem Wort. Vorsichtshalber bewaffnete er sich mit einer Mistgabel und zog am Grab um sich einen Kreis mit Benediktuskreide, die eventuell erscheinende Dämonen von ihm fern halten sollte.

Die ersten beiden Nächte verliefen ganz friedlich. In der dritten Nacht näherte sich aber gegen Mitternacht, aus Richtung Abtsroda kommend, eine mit sechs schwarzen Pferden bespannte Kutsche, auf der sechs mit schwarzem Gehrock und Zylinder bekleidete Männer saßen. Der Wagen hielt am Friedhof, und die Männer kamen geradewegs zu Hannes' Grab. Der Heckenmüller rührte sich nicht und blieb in seinem Kreidekreis, von dem er sich Sicherheit versprach. Die Männer aber öffneten das Grab, nahmen Hannes' Leiche heraus und zogen dem Körper die Haut ab. Den Rest des Körpers legten sie wieder in den Sarg, senkten diesen in das Grab und bedeckten ihn mit Erde. Der Heckenmüller versuchte, einen Zipfel der Haut, welcher in den Kreis hineinragte, zu sich zu ziehen. Die schwarzen Männer zogen jedoch die Haut zu sich, nähten sie zusammen und bliesen sie auf wie einen Ballon. Dieser erhob sich in die Lüfte und schwebte davon. Dann fuhren auch die Männer davon.

Der Heckenmüller ging nach verrichteter Wache im Morgengrauen nach Hause. Dort berichtete er immer noch ganz erregt von dem nächtlichen Geschehen am Grab. Seine Frau sagte zu ihm, dass Hannes' Seele in seiner Haut wohl zum Teufel gefahren sei.[21]

Abb. S. 33: Die Wache am Grab

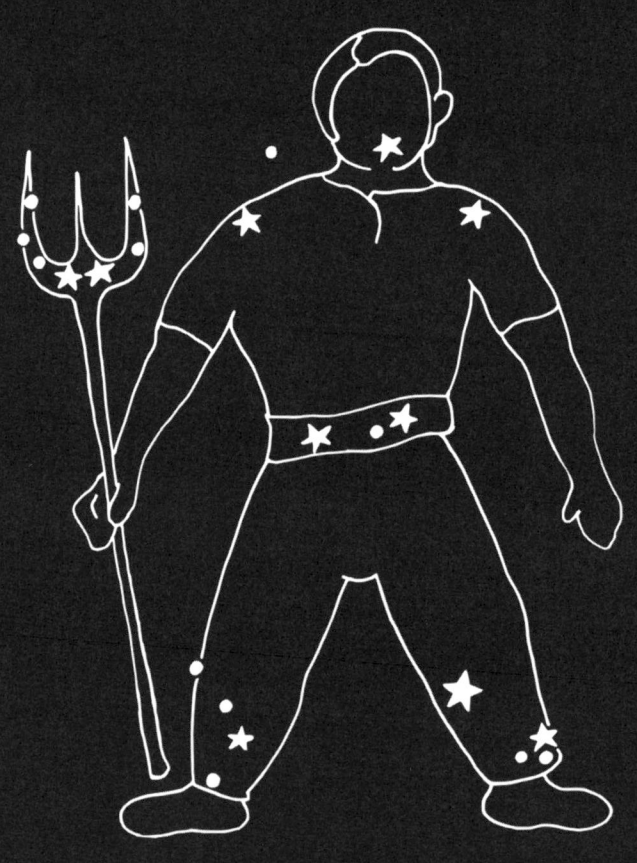

Die Angabe der Tageszeit des dramatischen mitternächtlichen Geschehens am Grab und die Angabe der Jahreszeit – Frühsommer – legen nahe, dass der Kern dieser Sage eine an den Sternhimmel gebundene Kalendersage ist, die mit der Sommersonnenwende zusammenhängt. Dazu passt auch der Name Hannes, der offensichtlich auf den Johannistag, den 24. Juni, hinweist. Zu dieser Jahreszeit steht der Große Wagen am mittleren Westhimmel und ist in horizontaler Position so schön wie in keiner anderen Jahreszeit als Fahrzeug zu sehen. Mit etwas Phantasie lassen sich die drei hellen Deichselsterne als drei Paare von Zugtieren deuten, was zur Mitteilung von den sechs Rappen passt. Während die Deutung eines Sternbildes für die sechs schwarzen Männer schwer fällt, kann die als Ballon aufsteigende Haut des Johannes vielleicht mit dem hoch im Süden stehenden Herkules mit seinem charakteristischen Sternen-Viereck in Verbindung gebracht werden. Zwischen dem Herkules und dem Großen Wagen sind aber sehr gut der still stehende, wachende Heckenmüller in Gestalt des Sternbilds Bärenhüter (Bootes) und die in seiner Hand befindliche Mistgabel in Gestalt des Sternbildes Nördliche Krone (links vom Bärenhüter) zu erkennen.

Die Gespensterkutsche

Ein Oberknecht vom propsteilichen Gut Blankenau war einmal spät in der Nacht auf dem Heimweg von seiner Braut im Nachbardorf. Es war eine Sommernacht, und gerade, als der Oberknecht den Struth genannten Platz im Wald bei Hainzell erreichte, schlug die Uhr aus der Propstei zwölf. In diesem Moment erblickte der Oberknecht ein Gefährt, das seiner Kutsche in wildem Galopp entgegenkam.

Zu seiner großen Überraschung sah er, dass der Kutscher des heranrasenden Wagens der verstorbene Hofkutscher seines früheren Herrn war. Dieser war zu Lebzeiten ein wilder Reiter und roher Fahrer gewesen. Der Oberknecht konnte sich nicht beherrschen; er rief dem Kutscher zu, er solle die Pferde nicht so schlagen. Doch das hätte er nicht tun sollen, denn sofort erhielt er eine schallende Ohrfeige, die so stark war, dass er ohnmächtig in den Straßengraben sank. Als er wieder zu sich kam, war das Gespenst mit seiner Kutsche verschwunden.[22]

Der Sommer als Jahreszeit und die mitternächtliche Stunde sprechen für eine Sternbildsage. Die gespenstische Kutsche ist vermutlich mit dem im Frühsommer um Mitternacht horizontal am Nordwesthimmel stehenden Großen Wagen zu identifizieren.

Der Lautenist im Hörselberg

Musikanten, die nachts am Hörselberg vorübergingen, sollen mehrmals in den Berg gefordert worden sein. So erging es einst zwei Schäferknechten, die mit Schalmeien oder Sackpfeifen von einer Kirmes unterwegs waren. Diese stießen auf drei dunkle Männer, die sie in den Berg führten, wo sie aufspielen mussten. Nie hat man erfahren können, was den beiden in den 13 Tagen widerfuhr, die sie im Berg bleiben mussten. Aber für den Rest ihrer Tage vergaßen sie alle Freude, melancholisch verbrachten sie ihr ganzes weiteres Leben.

Ein andermal war ein Lautenist zur Abendzeit in der Gegend des Hörselberges unterwegs. Auch er musste – von einem langen schwarzen Mann aufgefordert – in den Berg hinein gehen und dort vor schrecklichen Gestalten musizieren. Der Treue Eckart warnte ihn am Eingang zur Höhle davor, sich umzusehen. Nachdem der Lautenist sechs Tage aufgespielt hatte, führte ihn schließlich ein Zwerg wieder zum Ausgang der Höhle zurück. Trotz der Warnung des Treuen Eckarts wendete der Musikant seinen Kopf zur Seite. Davon behielt er zeitlebens einen schiefen Hals. Auch sonst hat der Aufenthalt im Hörselberg seine bösen Spuren hinterlassen: niemals wieder wurde der Musikant fröhlich gesehen.[23]

Die in der Sage erwähnte Abendzeit und die beschriebenen Gestalten lassen auch bei dieser Sage an eine Sternbildsage denken, obwohl keine

Jahreszeit erwähnt wird. Vielleicht fehlt die Angabe der Jahreszeit auch gerade, weil mehrere sagenhafte Nachrichten, die sich auf unterschiedliche Jahreszeiten beziehen, in dieser Sage zusammengeflossen sind. So lassen die Zweizahl (Zwillinge) der im ersten Teil genannten musizierenden Schäfer und die Erwähnung des warnenden Treuen Eckarts im zweiten Teil in Analogie zu anderen Sagen eher an eine Wintersage denken. Demgegenüber passt der Lautenist jedoch gut zum Sommersternhimmel. Er wäre dann mit dem Sternbild Leier zu identifizieren, dessen markantes Parallelogramm aus vier mittelhellen Sternen das Instrument verkörpert, während der Hauptstern Wega den Kopf des Musikers darstellt. In dem seitwärts gewendeten Kopf des Musikers kann man mit etwas Phantasie sehr schön die seitwärtige Lage dieses Sterns zum Viereck des Instrumentes wiedererkennen.

Das blutrote Irrlicht bei Zinna

Beim Vorwerk Zinna unweit von Bürgel geht zur Nachtzeit zuweilen ein blutrotes Irrlicht durch die Gärten, Wiesen und Felder. Es hat schon viele Wanderer in die Irre geführt und lässt sich durch nichts von seinem Pfad abbringen. Auch wenn man es anruft, zieht es weiter ruhig seines Weges.[24]

Das nächtliche Licht und insbesondere der nachdrückliche Hinweis auf seine ruhige und durch nichts zu störende Bahn lassen sofort an eine Sternsage denken. Als Irrlicht sollte es sich um eine Erscheinung handeln, die nahe dem Horizont zu beobachten ist. Die blutrote Farbe passt am besten auf den hellen Stern Antares, den Hauptstern des Sternbildes Skorpion, dessen Bahn in den Sommermonaten tief am Südhimmel zu verfolgen ist.

Der dreibeinige Hase in Lengefeld

In Lengefeld bei Sangerhausen wurde regelmäßig ein dreibeiniger Hase gesehen. Er kam abends aus der Pfarre gelaufen.[25]

Bei dieser sagenhaften Nachricht gibt es nur den tageszeitlichen Hinweis. In Analogie zu anderen Sagen kann der so genannte dreibeinige Hase im höchsten Teil des Sternbildes Skorpion gesehen werden, das an eine Hasenspur mit je drei Vorder- und Hinterbeinen erinnert. In dem Fall wäre die Sage im Sommer anzusiedeln.

Der dreibeinige Hase an der Vogelsburg

Der Kuhhirt aus Vogelbeck trieb eines Tages seine Herde an einen günstigen Weideplatz in der Nähe der Vogelsburg. Dort hätte er die Herde eigentlich nicht weiden lassen dürfen. Da er aber schon des öfteren mit seiner Herde dorthin gezogen war, ohne behelligt worden zu sein, glaubte er sich vor der Entdeckung durch den Förster sicher.

Er hatte es sich gerade auf dem Boden bequem gemacht, als plötzlich ein Hase mit drei Beinen vor ihm auftauchte. Dieser kam ganz dicht heran, machte vor ihm Männchen und schien ihn mit seinen Vorderpfoten zu bedrohen. Dem Hirten gefiel das nicht, und so hetzte er seinen Hund auf den Hasen. Doch dieser machte überhaupt keine Anstalten, den Aufforderungen seines Herrn Folge zu leisten und rührte sich nicht. Das wunderte den Hirten sehr, da sein Hund doch sonst gern mit jagen ging und schon mehrmals einen Hasen gefangen hatte. Schließlich sprang der Hirt selbst auf und verjagte den Hasen. Doch das hätte er lieber nicht

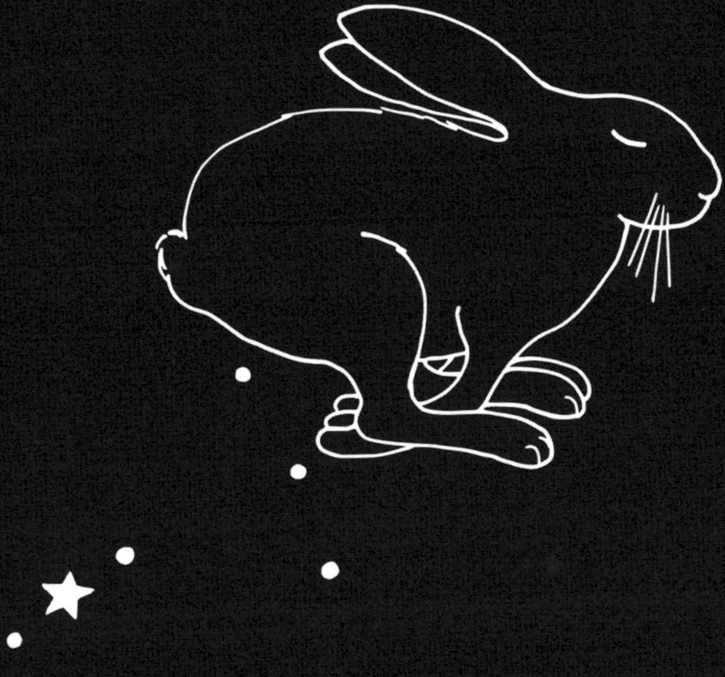

tun sollen. Wenig später tauchte der Förster auf, vor dem der dreibeinige Hase ihn hatte warnen wollen.[26]

Die Sage spielt zur warmen Jahreszeit; die Handlung läuft dabei offensichtlich am Tage ab. In Analogie zu vergleichbaren Sagen erscheint es aber trotzdem gut möglich, dass der dreibeinige Hase im Zusammenhang mit dem Sternbild Skorpion steht, das in den Sommernächten tief im Süden zu sehen ist und von dem zwei Dreiergruppen von Sternen wie die Spur eines Hasen mit drei Vorder- und drei Hinterbeinen aussehen.

Das Dreibein von Hohensen

In der Flur des eingegangenen Dorfes Hohensen bei Hildesheim geht nachts ein dreibeiniges Wesen um, das seine Spuren hinterlässt. Leute, die ihren Garten in der Gegend hatten, meinten, es könne vielleicht ein dreibeiniger Esel sein, der hier nächtens sein Unwesen treibt. Andere sind jedoch der Auffassung, dass die Spuren eindeutig auf einen Hasen hinweisen.

Das Wesen geht in der Geisterstunde um. Es bewegt sich von der Wüstung bis zu einer kleinen Gasse an der St. Annenkirche im so genannten Poggenhagen. Man sollte ihm aus dem Weg gehen, denn es ist noch keinem bekommen, nachts dem Dreibein begegnet zu sein.[27]

Im Gegensatz zu anderen Sagen vom dreibeinigen Hasen wird in dieser Sage ganz eindeutig auf die Zeit um Mitternacht und die Spur des Hasen Bezug genommen. Der Hinweis auf die Gärten in der Hohenser Flur siedelt die Sage eher im Sommerhalbjahr an. So scheint es naheliegend, die Spur des Dreibeins mit der hasenspürähnlichen Sternkonstellation mit dem hellen Antares im Sternbild Skorpion zu identifizieren, die im Hochsommer tief am südlichen Sternhimmel zu sehen ist.

Abb. S. 38: Der dreibeinige Hase

Der Wässermann

Im Schleusetal zeigt sich des Nachts auf den Wiesen bei Unter- und Oberneubrunn der Wässermann. Er ist leicht an seiner silbernen Haube zu erkennen und an der Reihe silberner Knöpfe auf seinem Rock. Er hat breite Rockschöße, aber keinen Kragen. Es wird behauptet, die Haube trage er nur zum Schein, da er eigentlich gar keinen Kopf habe, auf dem die Haube sitzen könnte.

Ein Mann, der einstmals bei Mondschein durch das Tal ging, sah die Gestalt, wusste aber nicht, dass es der gespenstische Wässermann war. So ging er auf die Gestalt zu und bemerkte erst sehr spät, dass er ein Gespenst vor sich hatte. Der Wässermann ging aber ruhig seiner Tätigkeit nach und tat dem Mann nichts zu Leide. Mit dem Schlag Eins der Oberneubrunner Kirchturmuhr verschwand die Gestalt.[28]

Die zur Nachtzeit spielende Sage gehört mit der Beschreibung des Wässerns der Wiesen zweifellos ins späte Frühjahr oder in den Sommer. Das Sternbild Wassermann steht im August tief am Südhimmel, passt aber nicht recht zu der gegebenen Beschreibung. Vielleicht kann man sich unter dem Wässermann einen Wasserträger mit einem über die Schulter gelegten Tragebalken und zwei daran hängenden Eimern vorstellen. Dann würde die Beschreibung ziemlich gut auf das Sternbild Schwan passen, das im Hochsommer hoch am Himmel steht. Deneb könnte die silberne Kappe darstellen, die Mittelsterne vom Hals des Schwanes wären die Knöpfe des Rockes, die Sterne in den Schwingen könnten als Schultern, aber auch als der Tragebalken des Wasserträgers angesehen werden. Die in der Sage erwähnte silberne Haube und die silbernen Knöpfe sind vielleicht auch wegen der Farbe ein zusätzlicher Hinweis darauf, dass es sich wirklich um eine Sternbildsage handelt.

HERBSTSAGEN

Der Ochse mit der Laterne

Im Elstertal lässt sich zuweilen im Herbst zu mitternächtlicher Stunde ein mächtiger Ochse mit einer brennenden Laterne am Horn sehen. Dieses Tier soll der Geist eines Brudermörders sein, der zwischen Kürbitz und Wirschlitz (gemeint ist wohl Weischlitz) spukt und den einsamen Wanderer mit seinem entsetzlichen Gebrüll erschreckt.

Der Mord soll vor vielen Jahren am Auteich geschehen sein. Zwei Zwillingsbrüder, Gottfried und Christoph von Feilitzsch, waren wegen des väterlichen Erbes zerstritten. Als sie einmal zur Herbstzeit am Auteich vorüberkamen, geriet Christoph so über seinen Bruder in Zorn, dass er zum Schwert griff. Gottfried wehrte sich, und beide kämpften verbissen, so dass sie sich bald gegenseitig schwere Wunden zugefügt hatten. Ihr Kampf endete erst, als sie beide tödlich verwundet waren. Nachdem man die Leichen gefunden hatte, wurden sie an Ort und Stelle an einer alten Eiche begraben.

Doch die Brüder sollten auch im Grab keine Ruhe finden. Es heißt, dass sie an ihrem Todestag um Mitternacht erscheinen. Der Ochse soll die Hülle des Christoph sein, der als erster das Schwert gezogen hatte.[29]

Die Sage spielt zur Herbstzeit und berichtet vom Erscheinen des mächtigen Ochsen um Mitternacht. Das spricht sehr für ihre Deutung als eine Sage, die am Herbststernhimmel festgemacht wird. Um die Zeit der Herbst-Tag-und-Nacht-Gleiche geht im Osten am Abend das Sternbild Stier auf und gegen Mitternacht das Sternbild Zwillinge. Im weiteren Verlauf der Nacht steigen beide immer höher hinauf. Auch von Nacht zu Nacht wandern sie nach oben, um bis zum Ende des Herbstes – zur Wintersonnenwende – um Mitternacht hoch am Südhimmel zu stehen. Die Sage passt zu diesen beiden Sternbildern. Das rote Licht des Hauptsterns im Sternbild Stier, Aldebaran, könnte – im Gegensatz zu anderen

Sagen, die diesen hellen Stern als Auge deuten – die Laterne am Horn des Ochsen darstellen. Die beiden Brüder sind die links vom Stier stehenden Sterne Castor und Pollux, die wegen ihrer fast identischen Helligkeit auch unter anderen Namen immer wieder als Sinnbild für Zwillinge angesehen werden. Ihr Aufgang um Mitternacht geschieht um die Zeit der Herbst-Tag-und-Nacht-Gleiche, womit der Bogen zur Sage mit dem Erscheinen der Brüder an ihrem Todestag geschlossen wird.

Die wandelnde Laterne bei Camburg

Zwischen Camburg und Stöben finden sich noch heute auf den Felsen links über der Saale die malerischen Reste der alten Cyriakskirche. Dort stand vor langer Zeit das Cyriakskloster, von dem unterirdische Gänge bis unter den Naumburger Dom geführt haben sollen.

Rechts der Saale lebte vor sehr vielen Jahren ein reicher Mann. Dieser hatte einen Sohn, der sich in ein armes Mädchen aus Leislau verliebt hatte. Der Vater wollte von dieser Beziehung nichts wissen. Als der Sohn sich beharrlich weigerte, nach einer anderen Braut Ausschau zu halten, zwang ihn der Vater schließlich, in Naumburg Geistlicher zu werden. Als junger Mönch kam er bald in das Stöbener Cyriakskloster.

Als er nun seiner Geliebten wieder näher war, überlegte der junge Mann immer wieder, wie er sich heimlich mit ihr treffen könnte. Da entdeckte er eine Falltür, die aus dem Kloster herausführte und durch die er in der Nacht unbemerkt aus dem Kloster entfliehen und ohne, dass einer seiner Mitbrüder Verdacht schöpfte, vor der Morgendämmerung wieder in das Kloster zurückkehren konnte. So verließ er nun des öfteren zu nächtlicher Stunde das Kloster durch diese geheime Tür und lief mit der Laterne ein Stück saaleaufwärts, wo er einen Kahn zum Übersetzen zum Clausfelsen bei Tümpling benutzen konnte. Von dort konnte er über die Höhe wandern, um sich mit seiner Liebsten zu treffen.

Etliche Male war der junge Mönch auf diese Weise schon glücklich zu seiner Geliebten und unbemerkt wieder zum Kloster zurückgekommen. Doch eines Nachts fiel bei seiner Rückkehr in das Kloster die schwere Falltür so unglücklich zu, dass sie ihm die Hand abschlug, in der er noch die Laterne hielt. Am nächsten Morgen fanden ihn seine Mitbrüder verblutet auf der Treppe, die zu dem geheimen Gang führte. Der Leiche fehlte jedoch die Hand. Hand und Laterne blieben verschwunden. Es wird erzählt, dass man bis auf den heutigen Tag in den Herbstnächten die Laterne vom Cyriakskloster über die Saale und über die Felder rechts des Flusses wandeln sehen kann.[30]

Ähnlich wie bei der Herbstsage vom Ochsen mit der Laterne spielt auch in dieser Sage das zur Nachtzeit wandelnde Licht eine zentrale Rolle. Es ist sehr gut möglich, dass Aldebaran, das rote Auge im Sternbild Stier, die Laterne versinnbildlicht. Dieses Sternbild geht im Herbst am Abend auf und bildet mit fortschreitender Nacht eine immer stärker auffallende Dominante am östlichen, später auch ziemlich hoch am südlichen Himmel. In der Wanderung des Sternbilds Stier von Ost über Süd nach West kann leicht der Heimweg des jungen Mönches von Leislau östlich der Saale über den Clausberg im Süden zu dem über dem westlichen Saaleufer gelegenen Kloster wiedererkannt werden.

Der unverletzbare Hirsch bei Bad Berka

Zwei junge Adlige jagten in den Wäldern des Adelsberges. Sie wurden von einem jungen Burgfräulein namens Adelheid begleitet. Als sie sich nach einiger Zeit von der Jagd ermüdet am Waldrand ausruhten, sprang plötzlich ein herrlich anzusehender weißer Hirsch an ihnen vorüber. Als die Männer dieses edle Tier sahen, war alle Erschöpfung vergessen. Im Nu waren der Geliebte Adelheids und der andere Ritter im Sattel ihrer Pferde. In aller Eile jagten sie dem weißen Hirsch nach. Am nächsten Berghang hatten sie das Tier eingeholt, und sie schossen mit der Armbrust auf den Hirsch. Doch das Geschoss verfehlte vollkommen seine Wirkung. Es prallte vom Fell des Tieres ab und hinterließ nicht die kleinste Verletzung. Der Weiße Hirsch war offensichtlich völlig gegen die Waffen gefeit.

Den Jäger ergriff ein tiefes Grauen. An der Stelle, an der der Hirsch ihm entgangen war, glaubte er plötzlich eine drohende dunkle Gestalt zu sehen. Wie der Reiter war auch das Pferd verschreckt. Es bäumte sich auf, überschlug sich und stürzte samt Reiter in die Tiefe. Der zweite Ritter und das Mädchen liefen entsetzt zur Unglücksstelle. Aber es war zu spät. In den Armen seiner Geliebten starb der schwer verletzte Jäger.

Es wird erzählt, dass die unglückliche Adelheid, die ihren Geliebten bei dieser Jagd verlor, vor Gram in geistige Umnachtung fiel. Sie soll noch heute als Gespenst trauernd umhergehen und ihren Ritter suchen. Auch den weißen Hirsch soll man noch von Zeit zu Zeit im Herbst durch die Wälder bei Bad Berka jagen sehen, denn bis heute ist es keinem Jäger gelungen, ihn zu erlegen.[31]

Der Hinweis auf den Herbst als Jahreszeit der Handlung könnte ein Indiz auf eine ursprüngliche Überlieferung als Sternbildsage sein. Andromeda und Pegasus sind die typischen, den Himmel beherrschenden Herbststernbilder. Dazu gehören außerdem der kleine, aber ebenfalls markante Widder und das eher unscheinbare Sternbild der Fische. Möglicherweise ist in der Gruppierung von Widder, Pegasus und Andromeda der Hintergrund für die Hauptgestalten dieser Sage – Hirsch, Jäger und Geliebte – zu sehen.

Hackelbergs Wagen

In der Gegend von Goslar glaubt man am nördlichen Sternhimmel Hackelbergs Wagen zu sehen. Der Wilde Jäger selbst sitzt im Wagen. Auf einem der Pferde sitzt ein Knecht verkehrt herum als Reiter und hält die Peitsche.[32]

Abb. S. 45: Hackelbergs Wagen

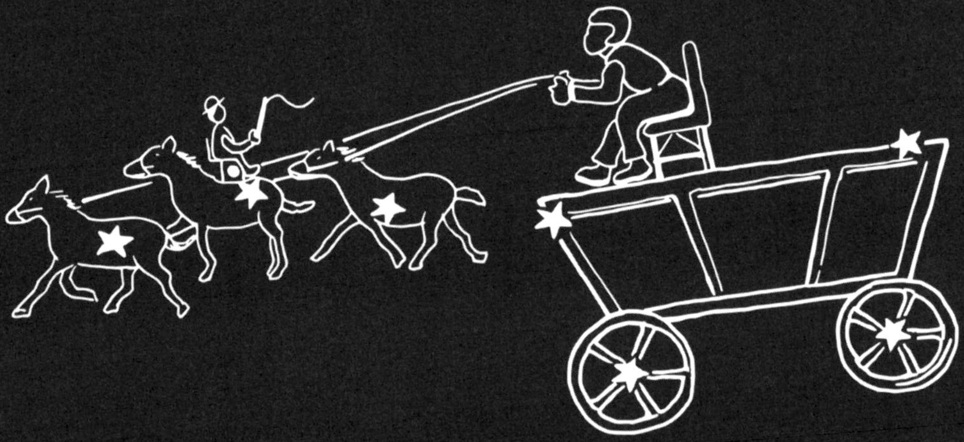

Die sagenhafte Nachricht von Hackelbergs Wagen nimmt unmittelbar auf das Sternbild des Großen Wagens am nördlichen Sternhimmel Bezug. Im September und damit etwa zur Zeit der Herbst-Tag-und-Nacht-Gleiche steht der Große Wagen um Mitternacht tief am nördlichen Himmel. Der reitende Knecht ist unschwer mit dem Stern Reiterlein (Alcor) zu identifizieren, welcher Mizar, den zweiten Deichselstern, begleitet. Damit ist auch klar, dass die drei Deichselsterne als die drei Pferde der Sage zu interpretieren sind. Der Hinweis darauf, dass der Knecht verkehrt herum sitzt, ist nicht wörtlich zu interpretieren, sondern illustriert sicherlich die Tatsache, dass sich der Große Wagen quasi rückwärts über den Himmel bewegt: Der Wagen ist mit der Deichsel oder den Zugtieren bei dieser Stellung für den Betrachter nach links gerichtet. Die in der Spätsommernacht scheinbar nach links gerichtete Bewegung wird mythologisch als Bezug zum Jenseits verstanden, was die Auffassung stützt, dass der Wagen im Zusammenhang mit einem nach seinem Tod über den Himmel ziehenden Menschen steht.

Fuhrmann Spörlein

In Römhild lebte einmal der einäugige Fuhrmann Hans Spörlein, der drei Pferde besaß, die ebenfalls alle auf einem Auge blind waren. Zur Zeit der Wallfahrt hatte Hans Spörlein einmal ein Fass Wein aufgeladen und fuhr mit seinem Gespann zur Steinsburg hinauf.

Oben angekommen, ließ sich der einäugige Fuhrmann den Wein schmecken. Schließlich war er total betrunken. Doch das hinderte ihn nicht, mit seinem Fuhrwerk den Heimweg anzutreten. Statt den sich am Hang windenden Weg zu nehmen, lenkte er den Wagen geradewegs über die wilden Steinrücken zu Tale. Wie durch ein Wunder kam er mit seinem Gespann unverletzt unten an.[33]

Eckhard Witter sieht in der Sage die Parallele zum einäugigen Wotan, dessen Sonnenrosse ebenfalls einäugig waren. Auch die unfallfreie Ab-

fahrt über den Steinrücken (Blockmeer) passt zur Vorstellung eines fliegenden Fuhrwerks, das zu einem göttlichen Fuhrmann, einem Beherrscher des Himmels, gehört. In den drei einäugigen Pferden sind am ehesten Benetnasch, Mizar und Alioth, die Deichselsterne des Großen Wagens zu sehen. Die Trunkenheit des Lenkers ist vielleicht ein Erklärungsversuch für die rückwärts gerichtete Bewegung des Großen Wagens im Tages- wie im Jahreslauf am Himmel. Das Auge des einäugigen Lenkers könnte der Polarstern sein, der – nur von schwächeren Sternen umgeben – relativ einsam über dem Großen Wagen steht und um den sich alle Sterne des Himmels und eben auch der Große Wagen drehen. Hans Spörlein und vielleicht damit auch der einäugige nordische Göttervater Odin (Wotan) wäre dann als der Angelpunkt des Himmels zu verstehen.

Der Kärrner am Himmel

Es wird erzählt, dass der Nachtrabe früher ein böser Fuhrmann gewesen sei, der Menschen und Tiere grausam misshandelt habe. Vor seinem Tod soll er gesagt haben, dass er ewig am Himmel fahren wolle. Deshalb wird der Nachtrabe auch Fuhrmann, Kärrner oder Karrenführer genannt. Als „Karenförer" ist er in Sievershausen bekannt. Es wird erzählt, dass er aller hundert Jahre einmal herumkommt.

Menschen, die ihn verspotten, kann es schlimm ergehen. Mit seinen bronzenen – nach anderer Auffassung eisernen – Flügeln kann er gewaltig schlagen und Menschen zu Tode bringen. Sein schreckliches Rufen bedeutet Krieg. Einem Schäfer schlug er die Hütte in tausend Stücke und tötete den Mann. Ein anderer Schäfer rettete sich nur dadurch, dass er neun Hürden hinter sich warf. Jungen aus Kuventhal und Knechten aus Merrhausen, die Pferde hüteten, warf er aus der Luft einen Pferdeschinken ins Feuer.[34]

Es erscheint eher unwahrscheinlich, dass die Fuhrmannssagen, die im Zusammenhang mit dem Nachtraben stehen, sich auf das heute Fuhr-

mann (Auriga) genannte Sternbild beziehen. Diese Sagen sind meist mit dem Motiv der nächtens Vieh hütenden Menschen verbunden, die nicht in die kalte Jahreszeit, in der der Fuhrmann (Auriga) hoch am Himmel steht, passen. Der Große Wagen ist leicht als Karren zu begreifen, der bei der tages- und der jahreszeitlichen Bewegung des Sternbildes über den Himmel rückwärts läuft, bei dem also die Deichsel den Karren schiebt. Die Interpretation des Großen Wagens als Nachtrabe erscheint plausibel, wenn man die annähernd symmetrische Anordnung der schwachen Sterne rechts des Wagenkastens zu den auf einer geschwungenen Linie angeordneten Deichselsternen links des Wagenkastens als Flügelpaar auffasst.

Feurige Landmesser

In schwülen Sommernächten gegen Morgen oder in Herbstnächten lässt sich an verschiedenen Orten der feurige Landmesser sehen. Er hält eine große feurige Messstange in der Hand und misst mit großen Schritten die Flur ab. Besonders häufig ist er im Oktober unterwegs. Zuweilen sind auch zwei Landmesser bei ihrer nächtlichen Beschäftigung anzutreffen. Zweifellos handelt es sich um verfluchte Seelen, die zu Lebzeiten Unrecht getan und nun nach ihrem Tode in der nächtlichen Flur umgehen müssen.

Einmal war eine große Teuerung, und der Preis für einen Scheffel Korn war auf drei Taler gestiegen. Ein armer Mann hatte sein letztes Geld hervorgeholt und war zu einem reichen Bauern nach Heinade gelaufen, um dort einen Scheffel Korn zu bekommen. Als dieses schon abgemessen war, stellte sich heraus, dass dem armen Mann drei Groschen an den drei Talern fehlten. Der reiche Bauer kannte jedoch keine Großzügigkeit. Ohne Mitleid mit dem Mann ließ er ihn das Korn wieder

---

Abb. S. 49: Landmesser

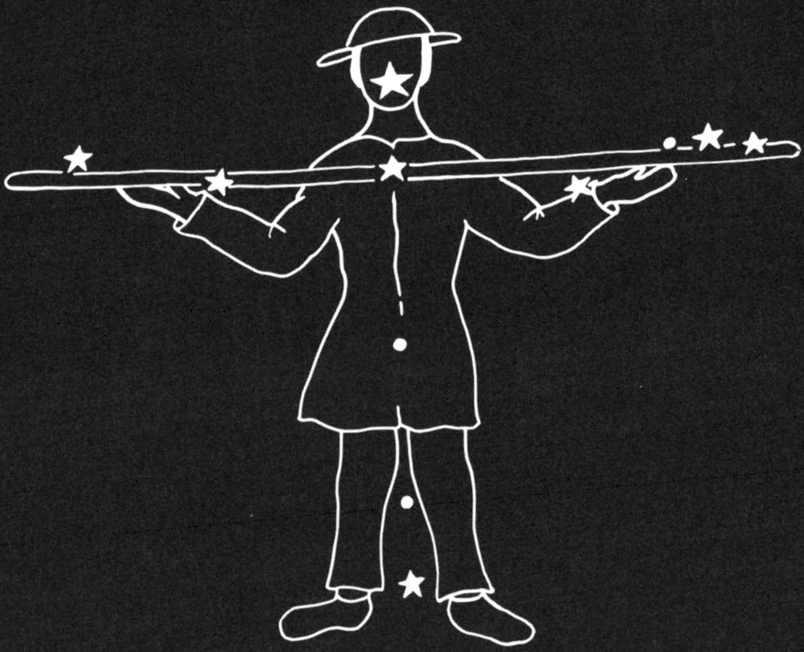

ausschütten. Da verwünschte der arme Mann den reichen: Nach seinem Tod solle er auf ewige Zeiten zwischen Himmel und Erde schweben. Der reiche Bauer starb noch in demselben Jahr. Seit dieser Zeit geht er im Hessengrund bei Heinade um, wo er des öfteren gesehen wurde.

Eines Abends kam der Pastor mit mehreren Leuten durch den Grund. Als der feurige Mann auftauchte, fragte der Pastor ihn mutig nach seinem Begehren. Da bat der Geist des reichen Mannes den armen um Entschuldigung für seine Hartherzigkeit. Sie mögen dem Mann seine Bitte um Entschuldigung überbringen und am nächsten Abend wiederkommen. So geschah es. Der arme Mann entsprach der Bitte und ging am nächsten Abend mit den anderen in den Hessengrund. Er verzieh dem Gespenst, das ihn bat, ihm zur Bekräftigung die Hand zu reichen. Der Pastor hatte den Mann jedoch davor gewarnt, und so reichte dieser der glühenden Gestalt nur den Zipfel seiner Jacke. Daran hatte er sehr gut getan, denn sobald die glühende Gestalt den Jackenzipfel berührte, fiel dieser verbrannt ab. Das Gespenst hat sich seitdem nicht mehr blicken lassen.

An vielen Stellen, so bei Wulften, bei Hohnstedt, bei Strodthagen, bei Adelebsen und bei Oldendorf geht der feurige Landmesser mit seiner Stange um. Fast immer sucht er nach einem Grenzstein, den er zu Lebzeiten falsch gesetzt hatte und wegen dem er nun zur Strafe umgehen muss. Zwei Leuten aus Wüllershausen wäre es beinahe schlecht bekommen, als sie sich die Pfeife bei dem Landmesser anstecken wollten. Zwei Bauern aus Kohnsen erfüllten den Wunsch des Landmessers und setzten den Grenzstein an die richtige Stelle. In der nächsten Nacht kam der Landmesser zurück und maß die Position des Steins mit seiner funkelnden Stange nach. Dann verschwand er und wurde nie mehr gesehen. Einem Mann aus Hohnstedt, der im Herbst bei der Kartoffelernte mit seinen beiden Söhnen nachts auf dem Feld geblieben war, erschienen sogar vier feurige Männer, die aus verschiedenen Richtungen auf die drei zukamen und eine Stunde lang gemeinsam tanzten. Während drei schließlich wieder ihrer Wege gingen, kam einer auf den Mann und seine Söhne zu, so dass diese sich verstecken mussten.[35]

Die Gestalt des Landmessers ist klar an den Herbst oder den Hoch- bis Spätsommer gebunden. Während der Landmesser im Herbst eher inmit-

ten der Nacht auftaucht, erscheint er im Sommer erst gegen Morgen. Die mehrfach in den Sagen auftauchenden Zeitangaben passen sehr gut zu einem markanten Sternbild, das zwar die ganze Sommernacht hoch am Himmel steht, aber erst in der zweiten Nachthälfte eine Position einnimmt, in der eine menschenähnliche Gestalt mit einer horizontal gehaltenen Stange zu erkennen ist. Dieses Sternbild ist der Schwan. Der Hauptstern Deneb bildet den Kopf. Dieser steht senkrecht auf der Achse, wenn der Schwan vom Zenit zum Westhimmel wandert, was im Sommer erst gegen Morgen, im Herbst dagegen schon inmitten der Nacht der Fall ist. Mit ein bisschen Phantasie kann man in dem am Westhimmel in ähnlicher Position links unter dem Schwan stehenden Adler einen zweiten Landmesser erkennen. Sein Hauptstern Atair markiert dabei den Kopf. Zusammen mit Wega bilden Deneb und Atair das Sommerdreieck. Vielleicht ist Wega als Symbol für den versetzten Grenzstein, der in einigen der Sagen erwähnt wird, anzusehen.

Bemerkenswert ist die Sage von dem Bauern mit seinen beiden Söhnen, die während der Kartoffelernte nachts auf dem Felde blieben und denen im Laufe der Nacht vier Feuergestalten erschienen, von denen drei jedoch wieder verschwanden. Es ist gut denkbar, dass Perseus und der später aufgehende Orion, der gerade im Oktober etwa eine Stunde vor Mitternacht über den Horizont tritt, als zwei weitere Menschengestalten neben Schwan und Adler angesehen wurden. Mit voranschreitender Nacht dreht sich der Perseus so weit, dass in ihm keine menschliche Figur mehr zu erkennen ist, der Adler und schließlich auch der Schwan gehen im Westen unter, so dass am Ende nur noch Orion groß und leuchtend menschengestaltig am Himmel steht und durch seinen Aufstieg die empfundene Bedrohung des Bauern und seiner Söhne erklärt. Die Zweizahl der Söhne in dieser Sage könnte – ebenso wie die Zweizahl von Personen in anderen Landmesser-Sagen – ein Hinweis auf das Sternbild Zwillinge sein, das im Oktober auch vor Mitternacht aufgeht.

✦

Der nächtliche Zweikampf

In einer stürmischen Herbstnacht wanderte ein Bornstedter heimwärts. Da dunkle Wolken den Himmel verfinsterten, ging er lange in die Irre, bis schließlich der Wind ein Loch in die Wolken riss und der Mond zum Vorschein kam. Da fand sich der Mann gerade um Mitternacht an der Untermühle wieder.

Zu seiner großen Überraschung hörte er aus dem Mühlengarten Geklirr von Waffen, und als er näher kam, sah er, dass zwei Männer auf Leben und Tod kämpften. Unweit der Kämpfenden konnte er einen offenen Sarg erkennen und gespenstische Gestalten, die wie er dem Kampf gespannt zusahen.

Der Kampf wogte hin und her, doch schließlich sank einer der beiden tödlich verwundet zu Boden. Die seltsamen Zuschauer packten den leblosen Körper, legten ihn in den Sarg und zogen – ein schauriges Totenlied singend – mit dem Sarg auf dem Kirchweg davon. Der Sieger des Kampfes folgte dem Zug auf einem Funken sprühenden Ross.

Auf dem Kirchhof umkreiste der Trauerzug dreimal ein offenes Grab. Dann wurde der Sarg hineingesenkt, und der ganze Zug folgte ihm in die Tiefe des Grabes, das sich lautlos über allen schloss.[36]

Bei dieser Sage könnte es sich um eine mythische Überlieferung mit einer Interpretation des zur Mitte der Nacht aufgehenden Sternbildes Zwillinge handeln.

Die nächtliche Hirschjagd

In den herrschaftlichen Forsten zwischen Allstedt und Klosternaundorf wurde einst eine große Jagd veranstaltet. Bald erschien ein besonders prächtiger Hirsch. Einer der hochadligen Jäger setzte ihm auf seinem schnellen Ross nach und blieb ihm lange dicht auf den Fersen, konnte ihn aber nicht zur Strecke bringen.

Auf einmal versank der Hirsch vor den Augen des Jägers, und im selben Augenblick nahm der Verfolger vor sich einen gähnenden Abgrund wahr. Der Reiter versuchte, im letzten Moment sein Pferd herumzureißen, aber es war zu spät. Ross und Reiter stürzten in die Tiefe und zerschellten.

Seit dieser Zeit durchstreift der Geist des abgestürzten Jägers alljährlich in der Zeit um Martini nächtens Feld und Wald zwischen Allstedt und Klosternaundorf. Man kann seine Rufe „Hussa, hu!" hören, wenn er pfeilschnell vorübereilt. Sobald jedoch der Morgen dämmert, versinkt der Wilde Jäger in dem alten Steinbruch, der am Weg vom Allstedter Schloss nach Klosternaundorf liegt.[37]

Die Zeitangabe „um Martini" ordnet diese Sage in den mittleren Herbst ein. Die Bewegung von Hirsch und Wildem Jäger passen gut zur Vorstellung der Bahn, die Sternbilder über den Herbsthimmel nehmen. Die Nachricht vom morgendlichen Verschwinden lässt die betreffenden Sternbilder in der zweiten Nachthälfte am Westhimmel erwarten. Die Erwähnung des verschwindenden Hirschs und des verschwindenden Jägers sind zwei weitere wichtige Indizien für eine Sternbildsage. Der Wilde Jäger ist unschwer wie auch in anderen Sagen mit dem Orion zu identifizieren. Der Orion steht tatsächlich in der späten Nacht im Herbst am Westhimmel und geht gegen Morgen unter. Schwieriger ist die Identifizierung des Hirsches mit einem Sternbild. Um den Löwen, der mit großer Wahrscheinlichkeit als Hirsch in Frühlingssagen eine Rolle spielt, kann es sich kaum handeln, da dieser zur Herbstzeit erst in der späten Nacht aufgeht. Möglicherweise ist der Hirsch dieser Sage das Sternbild Pegasus, das vor dem Orion untergeht.

Die Wilde Jagd am Herrensprung im Ilmtal

Auf der Otternburg bei Öttern lebte einst ein gefürchteter und rücksichtsloser Herr. Zusammen mit seinen rauen Spießgesellen machte er die ganze Gegend unsicher. Auch die Sonntage und die hohen Feiertage waren diesen Männern nicht heilig. So kam es, dass sie einmal am Allerheiligentag, dem 1. November, zwei Priester schikanierten, die ihnen zufällig in die Quere kamen. Sie trieben ihr hässliches, ja bald grausames Spiel mit den beiden Geistlichen. Schließlich stießen sie die beiden in die Ilm und tauchten sie aus purem Übermut im Fluss unter. So dauerte es nicht lange, bis die beiden zu Tode kamen.

Noch am selben Abend ereilte den Otternburger und seine Begleiter ihre gerechte Strafe. Der Anführer stürzte zwischen Buchfart und Hetschburg mit seinem Pferd von steiler Höhe in einen Abgrund. Seine rohen Gefährten – Reiter und Hunde – folgten ihm. Den Herabstürzenden fielen losgelöste Felsblöcke und entwurzelte Bäume nach. Im Fallen ging das übermütige Gejohle des wilden Zuges plötzlich in markerschütterndes Schreien über. Dann wurde es still, und niemand sah die bösen Männer jemals wieder.

Es heißt, dass bis in die Gegenwart der Otternburger mit seinen Spießgesellen am Allerheiligentag als Wilde Schar durch die Schlucht und den Platz, der Herrensprung genannt wird, geistert.[38]

Anfang November steigen Orion, Stier sowie Großer und Kleiner Hund am östlichen Abendhimmel auf. Der Otternburger könnte mit dem Orion zu identifizieren sein. Die beiden Hunde und der Stier verkörpern wohl sein Gefolge. Diesen Gestalten steht das durch die Zweizahl charakterisierte Paar der beiden Geistlichen gegenüber. Diese passen zu den Sternen Castor und Pollux, die als Hauptsterne das Sternbild Zwillinge beherrschen.

Verwandelte Tannennadeln

Eine Frau aus Suhl ging einmal im Herbst auf ihren Acker, um dort zu arbeiten. Als sie etwa eine Stunde gehackt hatte, sah sie in geringer Entfernung ein kleines Feuer brennen, das ihr vorher noch nicht aufgefallen war. Es war aber nur ein Haufen Tannennadeln. Die Frau zerwühlte das Feuer und nahm einen Teil der Reste mit, um ihren Acker zu düngen. Dabei gerieten ihr einige Nadeln in die Schuhe.

Als die Frau zu Hause ihre Schuhe auszog, fand sie anstelle der Tannennadeln pures Gold. Schnell wurde ihr klar, dass dieses nur von dem seltsamen Feuer stammen konnte. Die ganze Nacht über war die Frau voller Unruhe, und am zeitigen Morgen eilte sie hinaus, um auch die anderen Tannennadeln zu holen. Doch als sie bei ihrem Acker ankam, konnte sie keine einzige Nadel mehr finden.[39]

Die Sage spielt zur Herbstzeit und hat damit einen klaren jahreszeitlichen Bezug. Auch wenn keine unmittelbare Verbindung mit dem Sternhimmel hergestellt werden kann, so ist die Parallele der gewandelten Tannennadeln zu Motiven aus anderen Sagen, in denen kleine wertlose Dinge in Gold verwandelt werden, unübersehbar. So geht man sicher nicht fehl, auch in dieser Sage eine Form der an den Plejaden haftenden Wandlungssagen zu sehen. Die Sterne des markanten Sternhaufens stehen für die kleinen wertvollen Dinge. Ihre Beachtung verheißt Wohlstand. Die Plejaden werden zur Herbstzeit am Abend wieder sichtbar. Ihr abendliches Erscheinen beschließt den vom Ackerbau bestimmten sommerlichen Teil des bäuerlichen Jahres. Die Wandlung zu Gold belohnt den Fleißigen und mahnt alle, den Lauf der Sterne, d. h. den Kalender, im bäuerlichen Arbeiten zu beachten.

Der Schmied im Wilden Heer

An einem Abend im Advent war der Unterschönauer Hammerschmied hinaus gegangen, um das Wasser zu regulieren. Weil der Weg nicht weit war, hatte er darauf verzichtet, seine Schuhe anzuziehen und war gleich in Pantoffeln losmarschiert.

Als er gerade an seinem Schütz war, kam plötzlich das Wilde Heer durch die Luft gezogen. Die Geister packten den Mann und rissen ihn mit sich fort.

Am nächsten Morgen suchte seine Frau nach ihm, konnte aber nur die alten Pantoffeln am Schütz finden. Als sie die Pantoffeln aufheben wollte, um sie mit nach Hause zu nehmen, konnte sie sie aber nicht vom Boden lösen. Auch zur Hilfe herbeigeeilte Nachbarn waren nicht in der Lage, die Pantoffeln aufzuheben. So blieben die Pantoffeln stehen.

Als der Mann nicht wieder auftauchte, heiratete die Frau schließlich einen anderen Mann. Doch sieben Jahre, nachdem ihr erster Mann verschwunden war, brauste es auf einmal wieder am Himmel über Unterschönau, und das Wilde Heer zog abermals über die Berge und Täler.

Gleich darauf klopfte es an der Tür der Hammerschmiede. Als die Frau öffnete, stand vor ihr der totgeglaubte Mann in seinen alten Pantoffeln. Das Wilde Heer hatte ihn am selben Platz abgesetzt, an dem es ihn vor genau sieben Jahren mitgenommen hatte.

Die Frau nahm ihn selbstverständlich trotz ihres neuen Mannes auf. Aber mit dem Lebensglück war es vorbei. Der Mann vertrug die Kost seiner Frau nicht mehr und starb schon bald nach seiner Heimkehr. Niemand hat je von ihm erfahren können, wo er in den sieben Jahren gewesen war.[40]

Die Sage handelt im Advent, also im späten Herbst, kurz vor der Wintersonnenwende. Das Wilde Heer wird durch diese Sage in Beziehung zu den langen Nächten und der bevorstehenden längsten Nacht des Jahres gesetzt. Die in der ersten Nachthälfte aufgehenden Sternbilder Orion, Kleiner und Großer Hund könnten den Wilden Jäger und sein Gefolge darstellen. Zusammen mit dem Fuhrmann, den Zwillingen, dem Stier, den Plejaden und der sich als Hintergrundband über den Himmel ziehenden unüberschaubaren Zahl kleiner und kleinster Sterne in der Milchstraße bilden sie einen Zug, in dem man gut die großen geisterhaften Führungsgestalten und ein riesiges Heer von kleinen Geistern, den Seelen Verstorbener, sehen konnte.

Der Feuermann von Breitungen

In den letzten Wochen des Herbstes, in den langen Abenden des Advents, zeigt sich bei Breitungen an der Werra auf der Lache der Feuermann. Er ist eine riesige feurige Gestalt, ein Finger ist so groß wie der Arm eines Mannes.

Dort, an der Lache bei Breitungen, wohnte früher einmal ein frommes, einfaches Ehepaar. Dieses sah den Feuermann in jedem Jahr kommen. Er trat an das Haus heran und winkte mit seinem Finger. Viele Jahre wagten die Leute aber nicht, dem Winken des Feuermanns zu folgen. Schließlich nahm in einem Jahr die Frau doch einmal allen Mut zusammen. Sie bereitete sich mit Fasten und Beten auf das Kommen der Erscheinung vor. In einem weißen Kleid erwartete sie den Feuermann. Als dieser schließlich wieder erschien, nahm sie ihre Bibel und trat nach draußen.

Der Feuermann flackerte ihr voran zum Glashüttenteich und zum Steinbruch, wo er endlich still stand. Er wies auf eine bestimmte Stelle. Die Frau legte ihre Bibel auf diese Stelle. Von aller Aufregung zu Tode erschöpft, lief die Frau heimwärts und erreichte nur mit Mühe ihr Häuschen. Sie erzählte ihrem Mann alles, was sie erlebt hatte und beschrieb ihm genau den Platz, an dem sie ihre Bibel abgelegt hatte. Noch in der gleichen Nacht starb sie.

Als es Tag geworden war, ging der Mann hinaus und fand bald die Stelle, die ihm seine Frau beschrieben hatte. Wo die Bibel lag, grub er nach und fand dort einen großen Schatz. Davon kaufte er viele Wiesen und Äcker und zuletzt ein ganzes Gut.

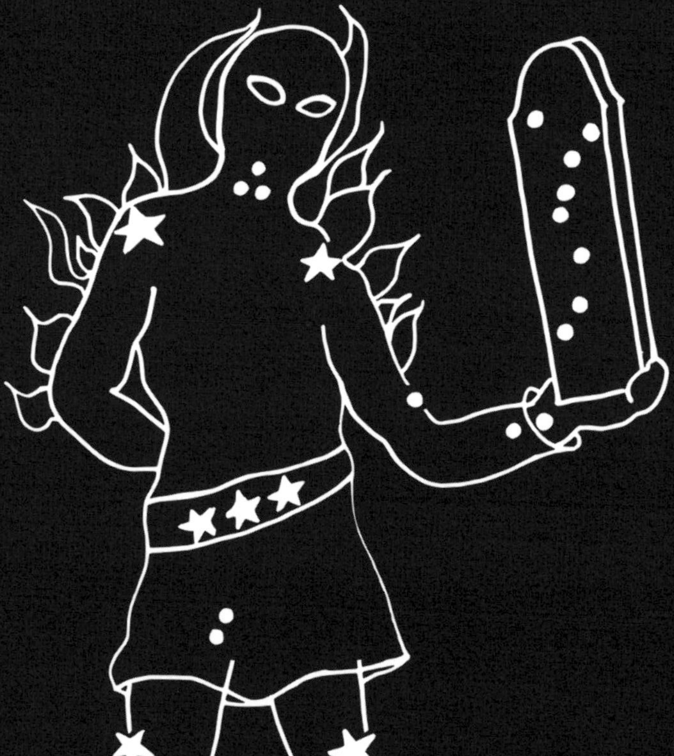

Der Feuermann aber war durch die Hebung des Schatzes offensichtlich erlöst worden. Seit dieser Zeit hat er sich nie wieder sehen lassen.[41]

Im späten Herbst steigt der markante Orion von Osten her auf und steht um Mitternacht prächtig am Südhimmel. Seine hellen Sterne lassen leicht eine große menschliche Gestalt erkennen. Die in der Sage geschilderte Bewegung des Sternbildes bis zur Stelle des Schatzes kann als die Bewegung zum Westhimmel interpretiert werden, bevor Orion in der späten Nacht hinter dem Westhorizont verschwindet. Bemerkenswert ist die Erwähnung eines überdimensionalen feurigen Fingers in der Sage. Mit diesem riesigen winkenden Finger könnte sehr gut die Linie der Sterne gemeint sein, die man rechts des Schultersternes Bellatrix am Himmel findet.

Der unheimliche Mann im Schnee

Eine ältere Frau hatte an einem Abend im Advent Bekannte in der abgelegenen Siedlung Säurasen besucht und war spät unterwegs in ihren Heimatort Rothemann. Plötzlich sah die Frau eine Gestalt auf sich zukommen. Als die Gestalt sie erreichte, erblickte die Frau einen älteren, großen, hageren Mann, der sie durchdringend ansah. Über den breiten Schultern lag ein derber Kutschermantel. Der Frau, die eigentlich nicht furchtsam war, erschien die Gestalt recht unheimlich. Sie sprach den Mann an, doch im selben Augenblick verschwand dieser.

Die Frau eilte nach Hause. Am nächsten Tag ließ sie im Kloster Frauenberg drei Messen lesen. Es wird erzählt, bei dem Gespenst handle es sich um einen unter großen Qualen gestorbenen Mann, der einen schlechten Lebenswandel gehabt habe und nun zur Strafe nächtens ruhelos in den Dorffluren wandeln müsse.[42]

Abb. S. 58: Der Feuermann von Breitungen

Die Sage passt in das häufig wiederkehrende spätherbstliche Motiv einer zur Abend- oder Nachtzeit erscheinenden unheimlichen Männergestalt. Wegen des jahreszeitlichen Bezugs und weil kaum andere Details mitgeteilt werden, ist davon auszugehen, dass auch diese Sage mit der geschilderten gespenstischen Männergestalt an das Sternbild Orion anknüpft.

Der Feuermann bei Thalau

Ein Thalauer, der in einer Adventsnacht erst spät aus einem Nachbardorf nach Hause eilte, passierte, gerade als die Uhr zwölf schlug, den Friedhof. Plötzlich sah er hellen Feuerschein und musste geblendet die Augen schließen. Als er sie wieder öffnete, stand eine hohe, an allen Gliedern brennende menschliche Gestalt vor ihm.

Dem Bauern wurde bewusst, dass ihm ein Feuermann gegenüberstand, und er fürchtete sich sehr. Doch ihm blieb keine Zeit zum Überlegen, denn der Feuermann befahl ihm, ihn auf den Buckel zu nehmen, und ehe sich der Bauer versah, hatte sich das feurige Gespenst auf seinen Rücken geschwungen. Unter der schweren Last trieb es nun den Thalauer, ohne dass er Einfluss auf die Wahl des Weges hatte, zu einem gespenstischen Ort. Erst dort konnte er seine furchtbare Bürde absetzen. Der Feuermann stieß einen schrecklichen Schrei aus und sagte dann mit klagender Stimme: „Hier ist meine ungesühnte Schuld." Der Bauer sah erst in diesem Moment, dass der Feuermann einen Grenzstein bei sich trug, den er jetzt an jener Stelle eingrub, an der er ursprünglich gestanden haben musste. Als diese Arbeit vollbracht war, verschwand der Feuermann.

Der Bauer, der sich vor Schreck hatte nicht regen können, sank jetzt vor Erschöpfung ohnmächtig zu Boden. Erst am anderen Morgen fand man ihn. Sein Haar war über Nacht schlohweiß geworden und sein Blick schien irre. Erst ganz allmählich erholte er sich vom Schrecken der nächtlichen Begegnung mit dem Feuermann.[43]

Die Gegend um Fulda und das südthüringische Gebiet zwischen Thüringer Wald und Rhön haben eine Vielzahl von Feuermann-Sagen überliefert. In der hier wiedergegebenen Sage tritt mit der Angabe einer Adventsnacht klar der Spätherbst als Jahreszeit in Erscheinung. Zu dieser Jahreszeit ist der Orion bereits das auffallendste Sternbild am südlichen Sternhimmel, und es liegt die Vermutung nahe, dass der Feuermann eine Deutungsvariante dieser Sternkonstellation ist.

Der Götze Krodo im Harz

An mehreren Orten im Harz wurde früher von den Sachsen der Gott Krodo, oder – wie sie ihn nannten – de Grote verehrt. Man nahm an, dass er der Vater aller Menschen sei. Er erschien als Mann mit magerem Gesicht, langem weißen Bart und entblößtem Kopf. Der lange Rock wurde von einer weißledernen Binde zusammengehalten. Mit nackten Füßen stand er auf einem Barsch. Seine rechte Hand trug einen mit Blumen, Obst und Früchten gefüllten Wassereimer, die Linke hielt ein Rad.

Das Hauptfest des Götzen war der 17. Dezember. Einer seiner wichtigsten Altäre soll auf der Harzburg bei Goslar gestanden haben. Erstgeborene Kinder wurden ihm als Schlachtopfer dargebracht und zur Opferung an Haken am Altar aufgehängt. Auch auf dem Frauenberg bei Ellrich und auf der Anhöhe der späteren Burg Klettenberg soll der Götze Krodo verehrt worden sein.[44]

Mitte Dezember erreicht der Orion um Mitternacht seine Kulminationsstellung. Deshalb steht er auch als Symbol für die Zeit der Wintersonnenwende. In der Beschreibung des Götzen Krodo sind leicht verschiedene Merkmale des Sternbilds Orion zu finden: die Menschengestalt, der Mantel, der Gürtel (weiße Binde). Der gefüllte Eimer könnte durch die Sterne und Nebel des Schwertgehänges symbolisiert sein. Mit großer Wahrscheinlichkeit stellt das Bild eine Verheißung der Wiederkehr der Fruchtbarkeit der Natur mit der wieder aufsteigenden Sonne im kom-

menden Jahr dar. Krodo wäre dann als Gott der Wintersonnenwende zugleich auch der Hoffnungsträger des natürlichen Wechsels der Jahreszeiten, der Gott der Wiederkehr des Lebens und Wachsens und Garant der fruchtbringenden Zeit des Jahreszyklus'. Dem festen Glauben an die Wiederkehr der warmen und fruchtbaren Monate, an den immer wiederkehrenden Kreis des Jahres entspricht ganz das Rad, das in der Sage genannte Symbol in der linken Hand Krodos. Die Fülle der Früchte lässt aber auch an eine Deutung als Symbolgestalt der Ernte, also des frühen Herbstes, zu. Eine solche Deutung müsste sehr weit zurückreichende Wurzeln haben, das heißt, aus der Jungsteinzeit stammen, als der Orion mehr Herbst- als Wintersternbild war.

Zur Interpretation des Barsches, auf dem der Götze steht, kommt nur das Sternbild Hase in Frage, das sich unmittelbar unter dem Orion befindet. Eventuell ist auch dieser Fisch als Symbol des Lebens zu verstehen, wie er sich in ähnlicher Weise auch als Parallele in der christlichen Überlieferung findet und vielleicht auf alte paneuropäische oder indogermanische Vorstellungen zurückgeht.

WINTERSAGEN

Frau Holle belohnt und bestraft die Spinnerinnen

Vor dem Ende eines Jahres, am besten noch vor Weihnachten, sollen alle Spinnrocken sauber abgesponnen sein. Zur Zeit der Jahreswende, meist zur Neujahrsnacht, geht Frau Holle von Haus zu Haus und kontrolliert die Spinnstuben. Nicht abgesponnenen Flachs verunreinigt Frau Holle, den fleißigen Spinnerinnen bringt sie jedoch Geschenke.[45]

Der klare Bezug der sagenhaften Nachricht von Frau Holle als Kontrolleurin der Spinnstuben zur Wintersonnenwende und zur Neujahrsnacht legt eine Verbindung mit dem Wintersternhimmel nahe. Möglicherweise kann Frau Holle mit dem Sternbild Fuhrmann identifiziert werden, das zu der genannten Jahreszeit nahe des Zenits steht und die Pracht der Wintersternbilder dominiert.

Frau Holle in den Waldecker Buchen

In der Nacht vor dem Dreikönigstag zieht Frau Holle durch das Thüringer Land und kommt dabei auch nach Waldeck. Sie rastet dann in der wildromantischen Schlucht, die „Waldecker Buchen" genannt wird. Dort besucht sie der Teufel, der auf die Teufelskanzel steigt und dort eine grausige Predigt hält.[46]

Diese Sage beschreibt Frau Holle als zur Mittwinterzeit umziehenden Dämon. Das Zusammentreffen mit dem Teufel rückt sie klar in die Nähe der Verderben bringenden Geister. Auch wenn der Sternbildbezug in der Sage nicht klar erkennbar ist, so passt die Sage doch zu einer Vorstellung, die die auffallenden Wintersternbilder mit dämonischen Gestalten assoziiert, unter denen Frau Holle eine besonders wichtige Stellung einnimmt.

Frau Holle führt das Wilde Heer

Vor allem in den Zwölf Nächten, das heißt in der Zeit zwischen Weihnachten und dem Dreikönigstag, zieht Frau Holle mit dem Wilden Heer durch das Land. Angeblich beginnt sie ihren Zug vom Kranichfelder Holloch aus. Es wird aber auch erzählt, dass die Buchfarter Felsenburg, der Singer Berg oder der Ettersberg ihr Ausgangspunkt seien.

Das Wilde Heer kommt auch durch die Gärten und Felder. Wind und Sturm bedeuten Segen für die Früchte des nächsten Jahres. Wo Frau Holle mit ihrem Heer entlang gezogen ist, gibt es im neuen Jahr eine besonders reiche Obsternte.[47]

Die Nachricht von Frau Holle und dem Wilden Heer passt zu den eindrucksvollen Bildern des Wintersternhimmels. Wenn man die Nachrichten aus ähnlichen Sagen dieser Jahreszeit berücksichtigt, dann liegt es nahe, im hoch stehenden Sternbild Fuhrmann die Anführerin des Heeres, also Frau Holle selbst, zu erblicken. Zum Heer gehören begleitende, oft dämonenhafte Gestalten, die in dieser Kranichfelder Sage im Gegensatz zu anderen Überlieferungen segnenden anstelle von verderbendem Charakter haben. Diese Begleiter der Frau Holle sind wahrscheinlich die markanten Konstellationen, die unter dem Sternbild Fuhrmann am Mittwinternachthimmel stehen. Dazu gehören die Zwillinge, der Stier, der Orion, der Große und der Kleine Hund, der Hase und auch die Myriaden schwächerer Sterne im hellen Band der Milchstraße.

Frau Holle
und die Äbtissin Juliane

Vor vielen Jahren gab es in Eisfeld ein Nonnenkloster. Eine der Äbtissinnen, die Juliane hieß, hatte sündigen Umgang mit dem Teufel. Schließlich kam sie mit Zwillingen nieder, deren Vater der Teufel war. Mutter und Kinder wurden zum Tode verurteilt und öffentlich verbrannt.

In Erinnerung an diese Hinrichtung wurde alljährlich am Tag der Heiligen Drei Könige auf dem Markt die Figur einer Frau verbrannt. Manche sahen darin die Erinnerung an die Äbtissin Juliane. Zumeist hieß es jedoch „Frau Holle wird verbrannt".[48]

Offensichtlich handelt es sich bei dieser Sage um eine Erinnerung an ein altes Sonnenwendfest. In ihr spiegelt sich die Vernichtung einer den Winter symbolisierenden Gestalt wider. Der Dämon der kalten kurzen Wintertage muss weichen, wenn die Tage wieder länger werden. Nicht zufällig ist dabei die Festlegung des Brauchs auf den Dreikönigstag, gilt dieser Tag doch als das Fest der Frau Holle, die in anderen Sagen als Himmelsherrscherin des Winters erscheint und in Gestalt des Sternbildes Fuhrmann den mitternächtlichen Winterhimmel dominiert. Die Geschichte von der Äbtissin Juliane und ihren beiden Kindern stellt die Verbindung mit den Sternbildern her: Die Äbtissin übernimmt die Rolle der Frau Holle und damit einer „bösen" Wintersymbolgestalt. Ihre beiden Kinder sind unschwer im Sternbild Zwillinge, das in Nachbarschaft zum Fuhrmann steht, wiederzufinden.

✦

Die Knaben
und das Wilde Heer

Eines Abends in den Zwölf Nächten waren zwei Knaben in Schwarza bei Meiningen unterwegs und hatten aus dem Nachbardorf Bier geholt. Da kam plötzlich Frau Holle mit dem Wilden Heer angebraust.

Die Knaben versteckten sich eilig in einem Winkel, aber einige der gespenstischen Gestalten hatten sie schon bemerkt. Die Knaben mussten ihnen ihre Bierkannen geben, und im Handumdrehen waren sie ausgetrunken, ohne dass die Knaben gewagt hätten, sich zu wehren.

Als der Zug vorüber war und wieder Ruhe eingekehrt zu sein schien, kamen die Knaben hervor und blickten trüb auf ihre leeren Kannen. Sie hatten kein Geld, um neues Bier zu holen, und mit Schrecken dachten sie daran, was ihnen blühen würde, wenn sie ohne Bier und ohne Geld nach Hause kämen.

Da trat auf einmal der Treue Eckart zu ihnen. Der lobte sie sehr, dass sie ihr Bier freiwillig den Dämonen des Wilden Heeres herausgegeben hätten. Andernfalls wäre ihnen der Hals umgedreht worden. Dann schickte er die Knaben nach Hause, nachdem er sich hatte versprechen lassen, dass die beiden in den nächsten drei Tagen niemandem erzählen würden, was sie gesehen und erlebt hatten.

Die Knaben, die sich mit sehr gemischten Gefühlen auf den Heimweg gemacht hatten, staunten, als sie zu Hause mit vollen Kannen ankamen. Noch mehr staunten sie und die anderen mit ihnen, als das Bier nicht nur ganz vortrefflich schmeckte, sondern die Kannen nicht leer wurden, sooft auch aus ihnen ausgeschenkt wurde.

Da konnte fröhlich gezecht und das wundersam sich vermehrende Bier genossen werden! Das fröhliche Leben dauerte genau drei Tage. Nach Ablauf dieser Frist wagten die Knaben auszuplaudern, was sie gesehen und erlebt hatten. Und mit der Preisgabe des Geheimnisses versiegten die Krüge.[49]

In dieser zur Wintersonnenwende spielenden Sage kann Frau Holle wieder mit dem Sternbild Fuhrmann und ihrem Hauptstern Capella, die Schar der Geister mit den hellen Sternen der Wintersternbilder wie dem Stier, dem Großen und dem Kleinen Hund und dem Orion identifiziert werden. Ganz harmonisch passt das Knabenpaar in Gestalt der Sterne Castor und Pollux zum Winterhimmel. Der Strom des Bieres, der sich drei Tage lang aus den Kannen ergießt, kann vielleicht als Bild für die Milchstraße angesehen werden. Für den Treuen Eckart ist am ehesten an ein hoch stehendes Sternbild, den Perseus, zu denken, das noch am Himmel zu sehen ist, wenn die Gestalten des Wilden Heeres weitgehend hinter dem Horizont verschwunden sind. Denkbar ist aber auch, dass es sich beim Treuen Eckart um das Sternbild Orion handelt und die Keulensterne den warnend erhobenen Zeigefinger symbolisieren.

Frau Perchtas Wagen

An einem Winterabend lief ein Bergmann, der in den Kamsdorfer Gruben gearbeitet hatte, in Richtung Könitz. Es war gerade der Dreikönigstag, und als er an die Stelle kam, wo sich der Feldweg zwischen Bucha und Großkamsdorf mit dem von Goßwitz nach Könitz führenden Weg kreuzt, brauste auf einmal ein wildes Gespann heran.

Auf dem Wagen sah er Perchta, die Königin der Zwerge, sitzen. Der Wagen kam näher und hielt vor ihm, und Perchta rief dem Bergmann gebieterisch zu, er solle ihr rasch eine schadhafte Stelle an ihrem Wagen mit einem Holzpflock verkeilen. Der Bergmann war zwar ein hilfsbereiter Mensch, doch fühlte er sich nicht recht imstande, die befohlene Arbeit zu leisten. So entschuldigte er sich damit, dass er kein Wagner sei und weder ein passendes Stück Holz noch ein Messer dabei habe.

Doch ehe er sich versah, hatte ihm Perchta schon ein Stück Holz und ein Messer gereicht. Da blieb ihm nichts übrig, als, so gut er es eben konnte, einen Keil zurechtzuschnitzen und damit den Fehler des Wagens leidlich zu beheben.

Perchta schenkte, wie sie es häufig tut, dem Bergmann die beim Schnitzen herabgefallenen Späne, ja, da der Bergmann nicht gleich Anstalten machte, die Späne in seine Tasche zu stecken, stopfte sie ihm selbst die Taschen mit den Spänen voll. Dann brauste sie mit ihrem Gespann in die dunkle Nacht davon.

Der Bergmann setzte seinen unterbrochenen Weg fort. Schließlich kam er zu später Stunde zu Hause an. Da war seine Frau gerade niedergekommen und hatte ihm Zwillinge geboren.

Als der Mann seine Kleider ablegte, quollen die Späne aus den Taschen. Aber zu seinem Erstaunen fand der Bergmann anstelle der Holzabfälle pures Gold. Da war die Familie aller Sorgen ledig. Frau Perchta hatte den Bergmann samt Frau und Kindern überreichlich beschenkt.[50]

In dieser Sage wird nicht nur ein einzelnes Sternbild beschrieben, sondern wir finden hier fast die ganze Szenerie des prächtigen Wintersternhimmels wieder. Die Sage ist eine der schönsten und reichsten der Thüringer Sternbildsagen. Frau Perchta ist völlig unverkennbar die Zügelhalterin, der Fuhrmann, mit seinem hellen Stern Capella, der in den langen Winternächten nahe des Zenits fast still zu stehen und um den sich das ganze funkelnde Himmelsgewölbe zu drehen scheint. Fuhrwerk und Zugtier sind mit großer Wahrscheinlichkeit durch das Sternbild Stier verkörpert. Die bei der Ausbesserung herabgefallenen und später zu Gold verwandelten Späne sind die zum Sternbild Stier gehörenden Plejaden, das Siebengestirn. Im Sternbild Orion ist offensichtlich der Bergmann zu sehen. Vielleicht kann in den Keulensternen, der Reihe von schwächeren Sternen rechts des hellen Sternes Bellatrix, das von Perchta gereichte Messer in der Hand des Bergmanns gesehen werden. Der Keil wird vielleicht durch Sterne des Perseus symbolisiert. Komplettiert wird die ganze Darstellung durch den Bericht von der Geburt der Zwillinge. Ganz der Logik des Sternhimmels folgend, an dem das Sternbild Zwillinge nach dem Stier aufgeht, steht ihre Geburt am Ende der Erzählung.

Abb. S. 69: Frau Perchtas Wagen

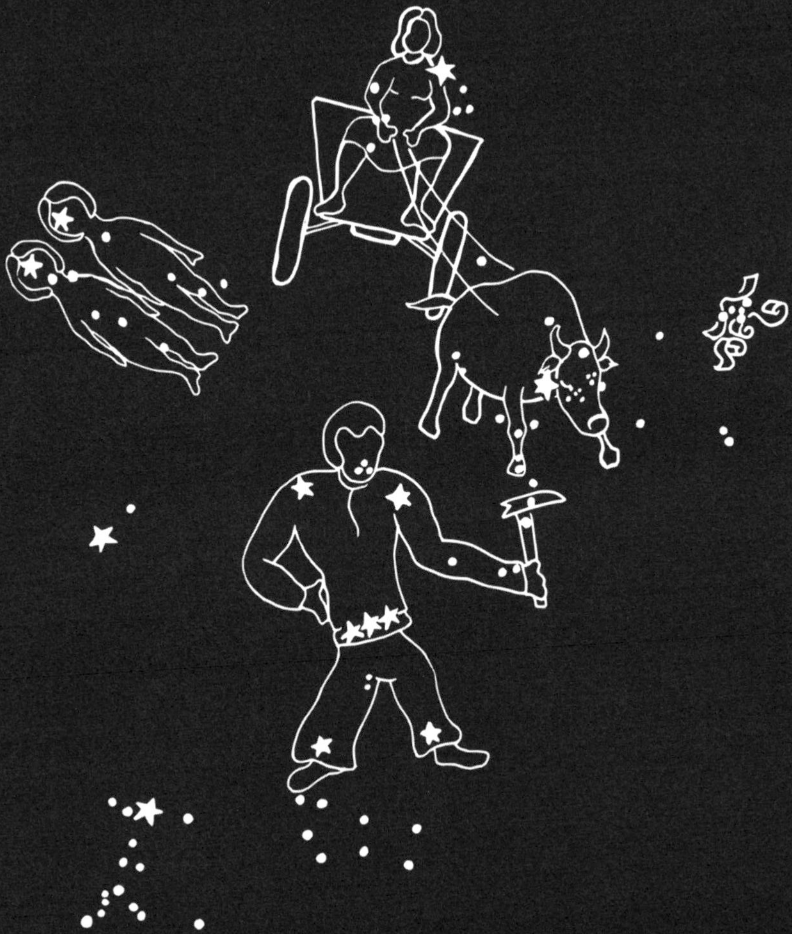

Die Jüdeweiner Zecher

Eines schönen Abends saßen zwei Bauern aus Jüdewein sehr lange zu Köstitz in der Gastwirtschaft. Sie hatten nicht auf die Zeit geachtet, doch schließlich wurde auch der Wirt müde und hätte gern die letzten Gäste zum Gehen bewegt. So wies er sie schließlich darauf hin, sie möchten sich endlich auf den Heimweg begeben, denn es sei Perchtenabend und nicht geraten, sich bis zur tiefen Nacht zu verspäten.

Die Zecher hatten aber wenig Neigung, den gastlichen Ort zu verlassen. Sie bemerkten, dass sie sich nicht fürchten müssten, da sie zu zweit seien, und so dauerte es noch einige Zeit, ehe sie endlich aufbrachen.

Die beiden Bauern waren ein Stück ihres Weges gegangen und gerade an der Landesgrenze zwischen Köstitz und Jüdewein angekommen, als ein Wagen angefahren kam. Es war tatsächlich Perchta, die bei den beiden verspäteten Zechern anhielt und sie nötigte, ihr defektes Gefährt zu reparieren. Die beiden konnten nicht anders, als sich zur geforderten Hilfe zu bequemen. Als Dank erhielten sie die herabgefallenen Späne. Da sich diese schließlich in Gold verwandelten, waren die beiden überreichlich belohnt.

In der Gegend und andernorts gibt es ein Sprichwort, das auf diese Begebenheit zurückgehen soll. Man gebraucht es, wenn einer reichlich Geld hat, und sagt: „Der hat Späne!"[51]

In dieser Sage finden wir wichtige Motive fast stereotyp zu anderen Sagen, vor allem zu der vorangehenden Sage vom Könitzer Bergmann, auch wenn die handelnden Personen etwas unterschiedlich sind. Perchta als Wagenlenkerin, ihr defekter Wagen und die Späne passen wieder perfekt zur Jahreszeit und zu den hochstehenden Sternbildern Fuhrmann und Stier mit den Plejaden. Die Zweizahl, die sich im Sternbild Zwillinge ausdrückt, entdecken wir in Gestalt der beiden zechenden Bauern wieder. Vielleicht ist die Erwähnung der Landesgrenze im Zusammenhang mit der sich von Norden über den Zenit nach Süden über den Himmel ziehenden Milchstraße zu sehen. Der Wirt, der den beiden verspäteten Gästen die Tür weist, wird vielleicht durch den Orion dargestellt.

Perchtas zerbrochener Pflug

Ein Wagnermeister aus Colba war einmal am Abend des Dreikönigstages, dem 6. Januar, der auch der Perchtentag ist, unterwegs von Oppurg nach Hause. Plötzlich sah er auf einem Feld neben der Orla Frau Perchta stehen. Sie hatte ihre Zwergenschar um sich, und die kleinen Gestalten standen ratlos um einen zerbrochenen Pflug.

Ehe sich der Wagner versah, rief Perchta ihm im Befehlston zu: „Hast du dein Beil, so bessere mir den Pflug aus!" Der Wagner konnte nicht anders, als dem Befehl zu folgen.

Als Lohn für seine Arbeit gebot ihm Frau Perchta, die herabgefallenen Späne aufzulesen. Doch der Wagner achtete die Gabe nicht und erwiderte: „Hab's gern ohne Lohn getan, und hab daheim der Späne genug!"

Ein Span war ihm aber während der Arbeit in den Schuh gefallen. Der drückte ihn schließlich sehr, und als er zu Hause angekommen war, war er froh, als er seinen Schuh ausziehen und sich von dem störenden Span befreien konnte. Wie wunderte er sich aber, als statt des Spans ein blankes Goldstück zu Boden klingelte. Der Wagner erzählte, was ihm widerfahren war, und alle Leute in seinem Haus hörten mit Spannung zu. Vor allem der Geselle hatte sehr aufmerksam dem Bericht gelauscht und beschlossen, es besser als der Meister anzustellen.

Im kommenden Jahr machte er sich am Perchtenabend auf den Weg und suchte genau den Acker, den sein Meister beschrieben hatte. Tatsächlich sah er bald Frau Perchta mit ihrem Zug kommen. Das ganze Volk der Zwerge war dabei und schleppte einen goldenen Pflug mit sich. Als Frau Perchta den Gesellen stehen sah, herrschte sie ihn an: „Was suchst Du hier zu dieser Stunde? Was trittst Du mir in den Weg?"

Der Geselle erwiderte wahrheitsgemäß: „Ich wollte Euren Pflug ausbessern und mir als Lohn nicht mehr als ein paar Späne, die etwa abfallen würden, erbitten." Frau Perchta antwortete ihm darauf: „Nicht vonnöten, eigennütziger Knecht, habe mein Beil selbst zur Hand, und damit geb ich Dir den Lohn!" Sprach's, schwang das Beil und ließ es mit ganzer Wucht auf die Schulter des jungen Mannes niedersausen.

Die in der Perchtennacht empfangene Wunde machte dem Gesellen sehr lange zu schaffen. Auch als sie verheilt war, blieb ihm die Erinnerung an Perchta. Denn von deren Beilhieb behielt er zeitlebens einen schiefen Hals.[52]

Die Wintersonnenwendsage lässt in Schilderung der Tages- wie der Jahreszeit den Bezug zum Kalender und zum Sternhimmel erkennen. Die Späne sind wohl wie auch an anderer Stelle mit den Plejaden zu identifizieren. Der Pflug könnte im Sternbild Stier stecken, ist doch der Stier auch als Ochse und dieser als das alte Zugtier für Lastentransport wie für die Feldarbeit anzusehen. Der Zug der Zwerge könnte mit den Myriaden von Sternen der Milchstraße gemeint sein. Frau Perchta, die strenge, hochgewachsene Frau, ist aufgrund dieser Beschreibung eher im Orion, kaum jedoch im Fuhrmann wie in anderen Wintersagen zu sehen, da dieses Sternbild eher breit, der Orion dagegen eher hochgewachsen scheint.

Frau Holle in St. Gangloff

Ein Mann aus St. Gangloff hoffte, von Frau Holle beschenkt zu werden. So wartete er einmal an einem Winterabend am Kirchberg auf Frau Holle. Es dauerte gar nicht lange, bis sie tatsächlich mit ihrem Wagen dahergebraust kam. „Was suchst Du hier in dieser Stunde, was wirfst Du mir in den Weg?" fragte Frau Holle den Wartenden. Der Mann erwiderte keck, dass er ihren Wagen ausbessern wolle und nur die Späne als Lohn begehre. Da antwortete Frau Holle ihm: „Nicht nötig, ich habe mein Beil selbst zur Hand." Mit diesen Worten hob sie ihr Beil und ließ es so auf die Schulter des armen Mannes niederfallen, dass er davon einen schiefen Hals bekam, den er zeitlebens nicht wieder los wurde.[53]

Die Handlung dieses Sage ist weitgehend parallel zu der vorangehenden Perchta-Sage aus Oppurg und Colba. Die Sagengestalt tritt uns hier mit dem Namen Frau Holle anstelle der Perchta entgegen. Auch die Tatsache, dass die Sage im Winter handelt, unterstreicht die Analogie. Die Sagengestalt Frau Holle als Lenkerin eines nächtlich daherbrausenden Wagens passt zur Vorstellung von einer himmlischen Wagenlenkerin, so dass wohl auch Frau Holle aus dieser Sage im Sternbild Fuhrmann gesehen werden kann.

Perchta am Gleitsch

Unterhalb des Berges Gleitsch bei Fischerdorf fuhr Frau Perchta vorüber. Da zerbrach die Achse ihres Wagens. Ein Bauer, der zufällig vorüberkam, half, indem er eine neue Achse notdürftig herrichtete.
 Auch ihn belohnte Perchta mit den Spänen, von denen er einen, der sich in ein Goldstück verwandelt hatte, aus seinem Schuh holte.[54]

In Analogie zu der vorigen Sage ist auch diese Sage eine Wintersage, in der die zu Gold verwandelten Späne durch die Plejaden versinnbildlicht sind. Anstelle des Pfluges wird - wie schon bei anderen Perchtensagen - ein Wagen genannt. Auch dieser könnte in gedanklicher Verbindung mit dem durch das Sternbild Stier verkörperte Zugtier zu sehen sein. Als Wagenlenkerin wäre Frau Perchta auch in diesem Fall mit dem Fuhrmann zu identifizieren.

Perchta beim Preswitzer Fährmann

Lange, lange Zeit lebten die Menschen und die Zwerge friedlich miteinander. Sie halfen sich gegenseitig, und die Zwerge machten sich in den Wirtschaften der Menschen durch Hüten des Viehs oder der Felder, durch

Betreuen und Beschützen unbeaufsichtigter Kinder oder andere Dienste nützlich. Die Zwerge hatten eine Königin, Perchta. Sie wurde als hohe, schöne Frau beschrieben, und die Zwerge verehrten sie sehr. Perchta hielt ihre Zwerge an, den Menschen gegenüber hilfreich und fleißig zu sein.

Doch als das Christentum ins Land kam, verbreitete sich die Meinung, Perchta sei ein Dämon und ihr Volk bestehe aus den Seelen der ungetauft gestorbenen Kinder. Diese müssten mit Perchta durchs Land ziehen, weil sie nicht die ewige Seligkeit erlangen könnten. So wurden die Zwerge und ihre Königin den Menschen unheimlich. Schließlich entstand die Vorstellung, Perchta fahre in den Winternächten und vor allem in der Christnacht und in der Nacht des Dreikönigstages mit ihrer Schar durch die Lüfte, verwirre den Mägden den Rocken und tausche kleine Kinder gegen Wechselbälge aus.

Vor allem um die früheren Dörfer Cosdorf und Rödern unweit der Saale waren die Zwerge häufig anzutreffen. An einem Dreikönigsabend wurde der Fährmann von Preswitz, zwischen der Hohewest und der Alter-Mühle an der Saale, gerufen. Als er zum Fluss kam, sah er dort in der Dunkelheit eine stattliche, verschleierte Frauengestalt in strahlend weißem Gewand stehen. Um sie herum waren zahllose Kinder, die alle ganz betrübte Gesichter hatten. Da fielen dem Fährmann alle Geschichten von Perchta und ihrem Kinderseelenheer ein, und er fürchtete sich sehr.

Tatsächlich war die Frauengestalt Perchta, und sie bedrängte den Fährmann, sie mit ihren Kindern über die Saale zu setzen. So blieb dem Mann nichts weiter übrig, als zu gehorchen. Da sein Kahn die große Zahl der Kinder nicht fassen konnte, musste er dreimal randvoll beladen fahren, bis schließlich alle am jenseitigen Ufer angekommen waren.

Am anderen Ufer hatte der Fährmann ein Feld, und dort stand noch sein Ackerpflug. Frau Perchta machte sich an diesem Pflug zu schaffen, weil, wie es schien, etwas daran auszubessern war. Statt eines Fährgeldes gab sie dem Fährmann die bei der Arbeit am Pflug herabgefallenen Späne. Der Fährmann ärgerte sich sehr über solch seltsamen und offensichtlich wertlosen Lohn. Doch er wagte nicht zu widersprechen, steckte einige der Späne ein und fuhr heim.

Als der Fährmann am anderen Morgen erwachte, fand er anstelle der eingesteckten Späne drei schwere Goldstücke. Die Zwerge und ihre Königin waren aber für immer davongezogen. Mit ihrem Verschwinden verließ auch der Segen das Land. Die Fluren verödeten. Die Dörfer Cosdorf und Rödern wurden im Krieg zerstört und blieben wüst, so dass heute niemand mehr genau weiß, wo sie gelegen haben.[55]

Auch in dieser Wintersonnenwendsage treffen wir die wichtigsten Sternbilder des Winterhimmels an. Der Pflug ist zweifellos mit dem Sternbild Stier als dem mythischen Zugtier des Pfluges zu verbinden. Die herabgefallenen Späne, von denen sich einige in Gold verwandeln, sind die Plejaden. Die Milchstraße verkörpert offensichtlich den Fluss. Die stattliche hochgewachsene Frau im weißen Kleid kann eigentlich nur mit dem Orion identifiziert werden. Etwas unsicherer ist die Zuordnung des Fährmanns. Vermutlich ist er im Großen Hund zu erblicken, der am Rand der Milchstraße steht wie der Fährmann am Ufer eines Flusses.

Im ersten Teil der Sage wird offensichtlich auf mehrere Traditionslinien im Zusammenhang mit Perchta Bezug genommen. Während sich die eigentliche Sage auf die Rolle von Perchta als Kinderseelengöttin konzentriert, wird in der Einleitung auch ihre Rolle als Spinnstuben-Herrin, als „Werre", die den Flachs verwirrt, und als Führerin des über den Himmel ziehenden Seelen- oder Dämonenheeres, erwähnt. Auch wenn Zusammenhänge zwischen diesen drei Rollen der Perchta bestehen, so werden doch in diesen Rollen drei ganz verschiedene Charaktere deutlich, und es ist anzunehmen, dass es sich ursprünglich um drei unterschiedliche Überlieferungen zu einer mythologischen weiblichen Gestalt handelt.

Die den Rocken verwirrende Werre ist vor allem als Sinnbild für eine Göttin anzusehen, die das Schicksal der Menschen, den Lebensfaden, in ihrer Hand hält, die diesen nach Belieben verwirren und mit anderen Lebensfäden verbinden und verknoten kann und deren schicksalsbestimmender Willkür die Menschen völlig ausgeliefert sind. Die Anführerin des Totenheeres ist eine schreckliche Gestalt, die die umgehenden, ruhelosen Toten versammelt und selbst als Anführerin des Toten- und Dämonenheeres das schrecklichste der Gespenster der Winternächte ist im Gegensatz zu der zwar Achtung heischenden, aber schönen und liebenswürdigen Königin der Zwerge und Beschützerin der Kinderseelen.

Der Berkaer Maurer
an der Buchfarter Felsenburg

Ein Maurer aus Berka ging einmal während einer stürmischen Winternacht durchs Ilmtal nach Hause. Als er bei Buchfart war, schlug die Kirchturmuhr gerade zwölf. Plötzlich sah der Mann neben sich ein kleines altes Männchen. Als er dieses nach seinem Ziel fragte, antwortete es ihm, dass es zur Felsenburg gehe, und wenn der Maurer sich noch einen guten Nachttrunk verdienen wolle, so könne es mit ihm gehen und ihm beim Mauern helfen.

Da der Maurer nicht ängstlich, wohl aber neugierig war, ging er auf das Angebot des Männchens ein. An einem Eingang in den Berg hatte er bald, den Anweisungen des Kleinen folgend, seine Arbeit an der Wölbung eines Ganges zu verrichten. Als die beiden eine Weile gearbeitet hatten, kam der Kleine mit einem großen Silberpokal voll Wein, den er dem Maurer zum Trinken reichte.

Der Kleine entließ den Maurer mit der Aufforderung, am nächsten Tag wiederzukommen und die Arbeit fortzusetzen. Er dürfe aber niemandem von ihrem Zusammentreffen und der Arbeit erzählen. Schließlich gab er dem Maurer noch eine Handvoll vertrockneter gelber Blätter für seine Frau mit.

Mit dem ersten Hahnenschrei war das Männchen verschwunden. Der Maurer setzte seinen Heimweg fort. Da er nicht wusste, was er mit den vertrockneten Blättern anfangen sollte, warf er sie nach kurzem Überlegen weg. Nur ein Blatt war an seiner Joppe hängen geblieben, und erst später bemerkte seine Frau es und wunderte sich sehr, denn das Blatt hatte sich in ein glänzendes Goldstück verwandelt.

Nun bedrängte die Frau des Maurers ihren Mann mit Fragen, wo er so lange gewesen sei und was es mit dem Goldstück für eine Bewandtnis habe. Da glaubte er, nicht anders zu können, als sein Versprechen zur Verschwiegenheit zu brechen, und er erzählte seiner Frau haarklein, was ihm widerfahren war.

Als der nächste Abend kam, ging der Maurer mit seinem Werkzeug wieder zur Buchfarter Felsenburg. Doch er konnte die Stelle, an der er tags zuvor gearbeitet hatte, nicht wiederfinden. Alles sah ganz verändert aus. Auch tauchte das Männchen nicht wieder auf, und die Suche nach den achtlos weggeworfenen vertrockneten Blättern war ebenfalls vergeblich. So musste der Maurer schließlich ohne weitere Arbeit und Lohn nach Hause gehen. Noch so manches Mal kehrte er in der Folgezeit zur Felsenburg zurück, doch das Männchen ließ sich nie wieder sehen, und auch der Gang blieb verschwunden. Nur das am ersten Abend erhaltene Goldstück bewahrte der Maurer auf. Es soll sich noch heute in seiner Familie befinden.[56]

In dieser Wintersage erschließt sich ein Sternbildbezug nur durch die vorstehenden Sagen von Frau Holle und Perchta. Ganz analog zu diesen Überlieferungen wird ein einsamer Mann in einer Winternacht durch eine geisterhafte Gestalt zu einer Arbeit aufgefordert und anschließend durch scheinbar wertlose Kleinigkeiten belohnt, die sich in Gold verwandeln. Auch wenn hier der Zwerg die Rolle des Schenkenden übernimmt und seine Zuordnung zu einem Sternbild nicht klar ist, kann in Analogie zu den verwandten Frau-Perchta-Sagen auf einen astralen Hintergrund geschlossen werden. Die trockenen und später verwandelten Blätter könnten dabei durch die Plejaden verkörpert sein. Der Maurer ist vielleicht der Orion.

Die Goldspäne zum Heiligen Abend

Der alte Bauer Heinrich Kraft aus Greuda hatte nur eine kleine Wirtschaft und arbeitete deshalb noch nebenher als Gemeindediener. So musste er einmal noch am Nachmittag des Heiligen Abends die Gemeindebücher dringend zum Amtsvorsteher nach Altenberga tragen.

Nachdem er die Bücher abgegeben und freundliche Weihnachtswünsche und ein paar Zigarren mit auf den Weg bekommen hatte, machte er sich, inzwischen im Dunkeln, von Altenberga durch die tief verschneite Landschaft auf den Heimweg. Plötzlich sah er eine alte Frau mit einem

Handwagen am Wegrand stehen. Das konnte doch nur die Christel, die alte Botenfrau aus Altenberga, sein, die noch so spät am Heiligen Abend unterwegs war. Heinrich Kraft begrüßte die Frau, und sie erzählte ihm, dass ihr die Stemmleiste des Wagens zerbrochen sei und sie nun nicht weiterfahren könne.

Glücklicherweise konnte der alte Greudaer Bauer der Frau helfen. Im Eichengebüsch fand er einen passenden Ast, und mit Hilfe seines Messers schnitzten seine geschickten Hände im Handumdrehen eine neue Deichsel, die er anstelle der zerbrochenen in den Wagen einsetzte. Beim Schnitzen waren ihm einige Späne in den Stiefel gefallen, was ihn aber nicht weiter störte. Schließlich half Heinrich Kraft noch der alten Frau, den Wagen den Berg hinauf zu schieben. Dann verabschiedeten sie sich mit einem freundlichen Feiertagsgruß.

Zu Hause erzählte Heinrich Kraft beim Ausziehen seiner Frau von der Begegnung mit der alten Frau. Als er seine Stiefel auszog, fielen einige der Späne heraus. Als der Bauern auf die Späne sah, staunte er sehr, denn die Späne hatten sich in Goldstücke verwandelt. Da begriff er, dass er draußen nicht der Altenbergaer Botenfrau geholfen hatte. In der Dunkelheit hatte er die Frau nicht richtig erkannt. Er war Frau Holle begegnet, die ihn am Weihnachtsabend reich beschenkt hatte.[57]

Die Sage greift offensichtlich auf mehrere markante Wintersternbilder zurück und beschreibt eine ganze Szenerie. Der schnitzende Bauer ist wohl der Orion, dessen Keulensterne das Messer darstellen. Die sich später in Gold verwandelnden Späne werden sicherlich durch die Plejaden verkörpert. Verwandte Sagenhandlungen legen nahe, Frau Holle im Fuhrmann, den Wagen im Sternbild Stier verkörpert zu sehen.

Unabhängig von dieser Deutung verdient die in der Sage genannte zerbrochene Stemmstange etwas weitergehende Beachtung. Im Sternbild Stier ist dieses Objekt nur schwer erkennbar. Eine zerbrochene Stemmstange passt jedoch zu einem Bild von einem Wagen, das in hervorragender Weise durch den Großen Wagen (Sternbild Großer Bär) dargestellt wird. Kaum ein anderes zirkumpolares und deshalb bei uns in allen klaren Nächten zu sehendes Sternbild wird so eindeutig mit einem Alltagsobjekt assoziiert wie gerade der Große Wagen. Leider hat das Sternbild aber zwei Schönheitsfehler: Der kleinere ist die merkwür-

dig gewinkelte Deichsel. Der größere ist der Umstand, dass der Große Wagen falsch herum fährt. Sein Weg über den Himmel mit der scheinbaren Drehung des Sternhimmels ist rückwärts gerichtet. Beide Fehler werden durch eine Vorstellung behoben, bei der der Wagen geschoben wird und die Deichselsterne nicht zum Anspannen von Zugtieren dienen, sondern eine Stemmstange darstellen. Der Knick in der Sternenreihe könnte dann leicht als zerbrochene Stemmstange gedeutet werden.

Der Große Wagen steht allerdings im Norden und damit relativ weit von den anderen Sternbildern entfernt, die offensichtlich in der Sage beschrieben werden. Zudem ist das Sternbild zur Winterzeit senkrecht orientiert und passt deshalb gerade zu dieser Jahreszeit nicht recht als Bild vom Wagen. Es ist aber zu bedenken, dass vielleicht in dieser Sage zwei unterschiedliche ältere Überlieferungen zusammenfließen, von denen eine die Wintersternbilder zum Inhalt hat und eine andere zu einer Zeit gehört, in der der Große Wagen annähernd horizontal orientiert ist, das heißt zum Frühherbst, wenn der Große Wagen horizontal über dem Nordhorizont steht.

Der Wunderweizen am Weihnachtsabend

Eine Frau, die am Roten Bächle bei Suhl wohnte, hatte spät am Weihnachtsabend noch Kuchen gebacken. Als sie diesen vom Backhaus nach Hause trug, sah sie zu ihrer Verwunderung vor ihrem Haus ein weißes Tuch ausgebreitet, auf dem ein Häuflein Weizenkörner lag. Schnell griff sie in das Korn und steckte eine Handvoll davon in ihre Tasche.

Als sie den Kuchen im Haus abstellte, merkte sie, dass ihre Tasche ganz schwer geworden war. Voll Verwunderung sah sie in der Tasche nach und stellte überrascht fest, dass anstelle der Weizenkörner schwere Goldstücke in ihrer Tasche waren. Gern hätte sie jetzt auch noch die anderen Weizenkörner geholt, doch als sie vor die Tür trat, waren das Tuch und der restliche Weizen verschwunden.[58]

Die Sage spielt am späten Weihnachtsabend und damit zu einem kalendarisch ausgezeichneten Zeitpunkt. Wie in der Greudaer Sage werden viele kleine – anscheinend wenig wertvolle – Gegenstände, in diesem Fall die Weizenkörner, zu Gold verwandelt. Neben dem christlichen Bezug zum Weihnachtsfest, an das man wohl zunächst denkt, hat diese Wandlung auch den Bezug zur Wintersonnenwende. Berücksichtigt man den astralen Charakter ähnlicher Wandlungssagen, so lassen sich die Weizenkörner leicht als Siebengestirn interpretieren. Zu Weihnachten erreichen die Plejaden etwa um Mitternacht ihren Kulminationspunkt. Der Hinweis auf den späten Abend spricht dafür, dass auch diese Sage eine „Plejaden-Sage" ist.

Die listigen Spinnerinnen von Oppurg

In Oppurg im Orlatal saßen einst zwölf Spinnerinnen zur Winterszeit zusammen. Es war Perchtenzeit, und so kreisten bald die Gespräche um die sagenhafte Frau. Besonders eine der Spinnerinnen wusste viel von der gespenstischen Perchta zu erzählen. Bald kamen ihr mehr und mehr Erzählungen von der Spinnfrau, darunter auch manch zusammengereimte und erlogene Geschichte über die Lippen, und mit Spannung hörten die anderen Mägde die Berichte von den dämonischen, aber auch den ins Lächerliche verzerrten Zügen der Perchta.

Da geschah es, dass Perchta selbst am Haus der Spinnerinnen vorüberging und von draußen hörte, was drinnen erzählt wurde. Da stieg großer Zorn in ihr auf. Sie stieß plötzlich das Fenster auf und warf zwölf leere Spindeln in die Stube. Dabei rief sie drohend: „Binnen einer Stunde spinnt euer jede eine Spindel voll, ist's nicht vollbracht, so harret meiner Strafe!"

Schon als das Fenster aufsprang, wurde es schlagartig totenstill in der Mädchenrunde. Nach den Worten der Perchta war den Mägden das Entsetzen ins Gesicht geschrieben. Voll Furcht blickten sie sich gegenseitig an, und tiefe Ratlosigkeit kreuzte sich in ihren Blicken. Es gab kaum Hoffnung, das Heil in der Flucht zu suchen oder sich vor Perchta zu verstecken. Aber innerhalb nur einer Stunde eine ganze Spindel voll zu spinnen, schien schier unmöglich.

Als sich die Zungen lösten, wurde die kecke Erzählerin mit Vorwürfen überschüttet, doch die Zeit verrann, ohne dass Garn auf die Spulen kam. Da sprang die Angegriffene auf. Sie eilte auf den Boden und holte reichlich Werg, von dem sie eine von Perchtas Spule dick umwickelte und dann Garn darauf spann. Sie hieß die anderen, es ihr gleich zu tun. Bald waren alle zwölf Spulen dick und von Garn umwickelt, und von außen war nicht zu sehen, dass das Innere nur loser Werg war.

Kaum war die Stunde um, so stand Perchta mit grimmigem Gesicht am Fenster und forderte die vollen Spulen. Sie empfing die zwölf Spulen verwundert und verschwand schweigend, ohne dass den Spinnerinnen ein Leid geschah. Die List hatte sie offensichtlich gerettet.[59]

Die Sage spielt eines Abends zur Zeit der Wintersonnenwende. Auch wenn kein direkter Bezug zum Sternhimmel hergestellt wird, ist durch die mitgeteilte Jahreszeit und die Zwölfzahl der Spinnerinnen und der Spulen der Bezug zum Kalender deutlich zu erkennen. Dazu passt das Erscheinen von Perchta, die aus anderen Sagen als eine Göttin der Wintersonnenwende bekannt ist und die mit dem Fuhrmann oder auch mit dem Orion identifiziert werden kann. Eine klare Zuordnung zu einem der Wintersternbilder ist bei dieser Sage nicht möglich. Die zwölf Spindeln symbolisieren vielleicht die zwölf Monate des kommenden Jahres, könnten aber auch für die zwölf Tage „zwischen den Jahren" stehen, die als Differenz zwischen dem Mondjahr und dem zwölf Tage längeren Sonnenjahr eine wichtige Sonderrolle im alten Kalender spielten.

Die alte Spinnerin

In Tepitz bei Pößneck lebte eine alte Frau, die tagein, tagaus immer fleißig spann. Selbst am Dreikönigstag, dem Perchtentag, legte sie die Spindel nicht beiseite. Soviel sie auch gewarnt und gebeten wurde, das Spinnen an diesem Feiertag zu unterlassen, spann sie doch unverdrossen weiter. Sagte jemand zu ihr „Hütet Euch, wenn die Perchta kommt, könnt' es Euch übel ergehen!", so entgegnete sie: „Oho, die Spinnefrau spinnt mir und euch kein Hemde, das muss ich selbst tun!"

So spann die Alte noch am späten Abend munter fort, als alle anderen schon schlafen gegangen waren. Plötzlich stand Perchta vor dem Haus und schob von außen das Fenster auf. Sie schaute mit wildem Blick in die Stube hinein und warf eine ganze Handvoll leere Spulen in den Schoß der Spinnerin und rief: „Nun spinne, wenn du gar keine Ruhe hast, auch die noch voll in einer Glockenstunde, wo nicht, soll es dir übel ergehen!"

Die alte Spinnerin war zwar tüchtig erschrocken, aber sie fasste sich schnell ein Herz. Sie spann auf jede Spule ein paar Fäden und trug, ehe die Stunde um war, die Spulen in ihrer Schürze hinaus und warf sie in den vorbeifließenden Kutschbach. So konnte Perchta, als sie wiederkam, der Alten nichts anhaben.[60]

Auch diese Sage hat wie die vorige den klaren Bezug zur Wintersonnenwende. Auch wenn nicht die Zahl von zwölf Spindeln genannt wird, erscheint in Analogie zu der vorigen Sage eine Verbindung mit dem Kalender plausibel. Ähnlich den winterlichen Wagensagen von Frau Holle kann vielleicht im Fuhrmann mit Capella die Perchta gesehen werden. Die Plejaden könnten den Rocken symbolisieren. Im vorbeifließenden Kutschbach darf vielleicht die Milchstraße gesehen werden. Der Name des Baches erinnert an die Funktion von Perchta als Wagenlenkerin, wie sie aus anderen Sagen bekannt ist.

Das Kind mit dem vollen Tränenkrug

Einer Mutter in Bodelwitz bei Pößneck starb ihr einziges Kind. Die Mutter war ganz untröstlich, ihr Jammer kannte keine Grenzen, und sie weinte unaufhörlich.

Einmal – es war gerade Perchtenzeit – war die Mutter wieder auf dem Friedhof am Grab ihres Lieblings. Schon drei Nächte lang hatte sie geweint und kniete nun betend am Grab. Da zog auf einmal Perchta vorüber. Sie wurde von der schier unüberschaubaren Schar ihrer Kinderseelen begleitet. Unter den vielen Kindern war auch das verstorbene der untröstlichen Bodelwitzer Mutter. Es trug ein Krüglein in seinen Händen, das bis an den Rand mit Tränen gefüllt war, und es hatte sehr schwer daran zu tragen. So konnte es den anderen Kindern nicht folgen, und als das Seelenheer an eine Umfriedung kam, die die anderen behend übersprangen, konnte es mit seinem schweren Krug gar nicht darüber hinweg kommen.

Die trauernde Mutter bemerkte das arme Kind, trat schnell hinzu und wollte ihm hinüber helfen. Erst als sie sich anschickte, das Kind hinüberzuheben, bemerkte die Frau, dass es ihr eigenes Kind war, und in diesem Augenblick sprach das Kind zu ihr: „Ach Mutter, das sind deine Tränen, die du um mich geweint hast, und so noch viele in den Krug fallen, so kann ich nimmer zur Ruhe gelangen."

Als die Mutter es sanft über das Hindernis hob, sprach es: „Ach wie warm ist Mutterarm!" Die Mutter aber überkam der ganze Schmerz noch einmal in voller Macht und sie weinte noch einmal ihr ganzes Herz aus. Dann ging sie aber fort und weinte keine einzige Träne mehr.[61]

Mit der Zuordnung zur Perchtenzeit stellt sich diese Sage auch als Wintersonnenwendsage dar. Wie in den beiden vorangegangenen Sagen ist die Sternbildzuordnung der Perchta unklar, aber es ist anzunehmen, dass es sich entweder um den Fuhrmann oder den Orion handelt. Die Schar der Kinderseelen ist vermutlich mit der Vielzahl der kleinen Sterne in der Milchstraße zu identifizieren.

Der steckengebliebene Fuhrmann

Ein Fuhrmann, der einen mit sechs Pferden bespannten Wagen führte, war einmal steckengeblieben. Trotz größter Anstrengung gelang es ihm nicht, den Wagen freizubekommen, weil er sehr tief eingesunken war. Erst als er von den vorn angespannten Pferde ein Paar nahm und an eine Seite spannte, kam der Wagen endlich frei.

Der Fuhrmann soll dabei gesagt haben, er wolle für seinen Teil am Himmelreich ewig fahren. Deshalb wurde er tatsächlich an den Himmel versetzt. Vor Mitternacht kommt er herauf, nach Mitternacht fährt er wieder herunter.[62]

Leider enthält die Sage keinen direkten jahreszeitlichen Bezug. Identifiziert man jedoch naheliegenderweise den beschriebenen Fuhrmann mit dem gleichnamigen Sternbild, so landet man im frühen Winter, das heißt in der Zeit der Wintersonnenwende. Um Mitternacht stehen Capella und die Plejaden hoch am Himmel. Die Plejaden haben zu dieser Jahreszeit ihre beste Sichtbarkeit. Sie steigen vor Mitternacht von Osten her auf, nach Mitternacht sinken sie nach Westen herab und scheinen so den Weg des Fuhrwerks über den Himmel zu versinnbildlichen.

Der Reiter ohne Kopf am Bannort zwischen Wandersleben und Wechmar

Vor vielen Jahren soll auf dem Weg zwischen Wandersleben und Wechmar ein Mord geschehen sein. Seit dieser Zeit ist es an dieser Stelle nicht geheuer. In der Nacht sieht man zuweilen einen Reiter, der ohne Kopf herumgaloppiert und in seiner rechten Hand ein großes blankes Schwert hält. Ihm zu begegnen gilt als sehr gefährlich.

Zu dieser Stelle kam einmal ein Bauersknecht, der Malz aus Wandersleben nach Wechmar zu bringen hatte. Es war schon sehr spät, als er in Wandersleben losgefahren war, und so wurde es gerade Mitternacht, als er den verrufenen Platz, einen Graben unweit der Apfelstädt, erreichte.

Plötzlich blieben die Pferde wie angewurzelt stehen. Der Knecht trieb die Pferde an und hieb schließlich mit seiner Peitsche auf sie ein. Die Pferde rührten sich jedoch nicht von der Stelle. Alle Anstrengung des Kutschers half nichts, das Fuhrwerk bewegte sich keinen Millimeter vorwärts. Der Knecht war bald ziemlich verzweifelt, denn all seine Mühe war vergeblich. Endlich schlug die Turmuhr in Wechmar Eins. Da zogen die Pferde auf einmal wieder an, der Knecht aber fühlte sich ganz unvermittelt von unsichtbarer Hand geohrfeigt.[63]

Ludwig Bechstein teilt in dieser Sage keine Jahreszeit mit. Doch im Zusammenhang mit der oben genannten Sage vom Ewigen Fuhrmann werden der jahreszeitliche und der Sternbildbezug deutlich. Mit großer Wahrscheinlichkeit handelt es sich auch bei dieser Wanderslebener Sage um einen Mythos der Wintersonnenwende. Das beschriebene Fuhrwerk und seine Bannung passen zum Sternbild Fuhrmann, dem Zügelhalter, der zur Mitte der langen Winternächte hoch im Gewölbe des Himmels festzustehen scheint. Auch die Bewegung des Wagens von Wandersleben (im Osten) nach Wechmar (im Westen) lässt eine Deutung mit der von Ost nach West gerichteten Drehung des Sternhimmels zu. Der kopflose Reiter könnte wiederum der Orion sein, die Keulensterne verkörpern dabei das gezogene blanke Schwert.

Der Schäfer mit dem feurigen Hund

Zwischen Martinsrieth und Sangerhausen geht des Nachts zuweilen ein gespenstischer Schäfer um. Er hat einen feurigen Hund bei sich und ruft ihn „suck, suck, suck".
Eine Frau aus Sangerhausen war eines späten Abends noch heimwärts unterwegs. Sie hatte in der Hüttenmühle südlich der Stadt mahlen lassen, und die Nacht war hereingebrochen, als sie sich auf den Heimweg begab. Obwohl der Müller sie zu überreden suchte, über Nacht zu bleiben, begab sich die Frau in die Dunkelheit hinaus. Sie war erst einige hundert Schritt gegangen, als hinter ihr plötzlich der gespenstische Schäfer mit seinem feurigen Hund auftauchte. Der rief nach seinem Hund „suck, suck, suck". Der Frau wurde himmelangst. Aber sie lief tapfer weiter und erreichte schließlich ganz erschöpft die Stadt.
Zeit ihres Lebens behielt sie das Erlebte für sich. Erst auf dem Sterbebett erzählte sie von dem, was sie in dieser Nacht gesehen hatte.[64]

Auch wenn in dieser Sage keine Jahreszeit genannt ist, so könnte das Beschriebene doch sehr gut zu einer winterlichen Sternbildsage passen. Die Frau läuft von Süden nach Norden. Im Winter stehen Orion – wohl der Schäfer – und der Große Hund am südlichen Himmel, wären also genau im Rücken der Frau gewesen.

Die Schafherde an der Rabsburg

An einem späten Winterabend ging einmal ein junger Bursche aus Bollberg von Bobeck, wo er in der Spinnstube gewesen war und seinen Schatz getroffen hatte, nach Bollberg zurück. Es war gerade Vollmond,

---

Abb. S. 87: Der Schäfer an der Rabsburg

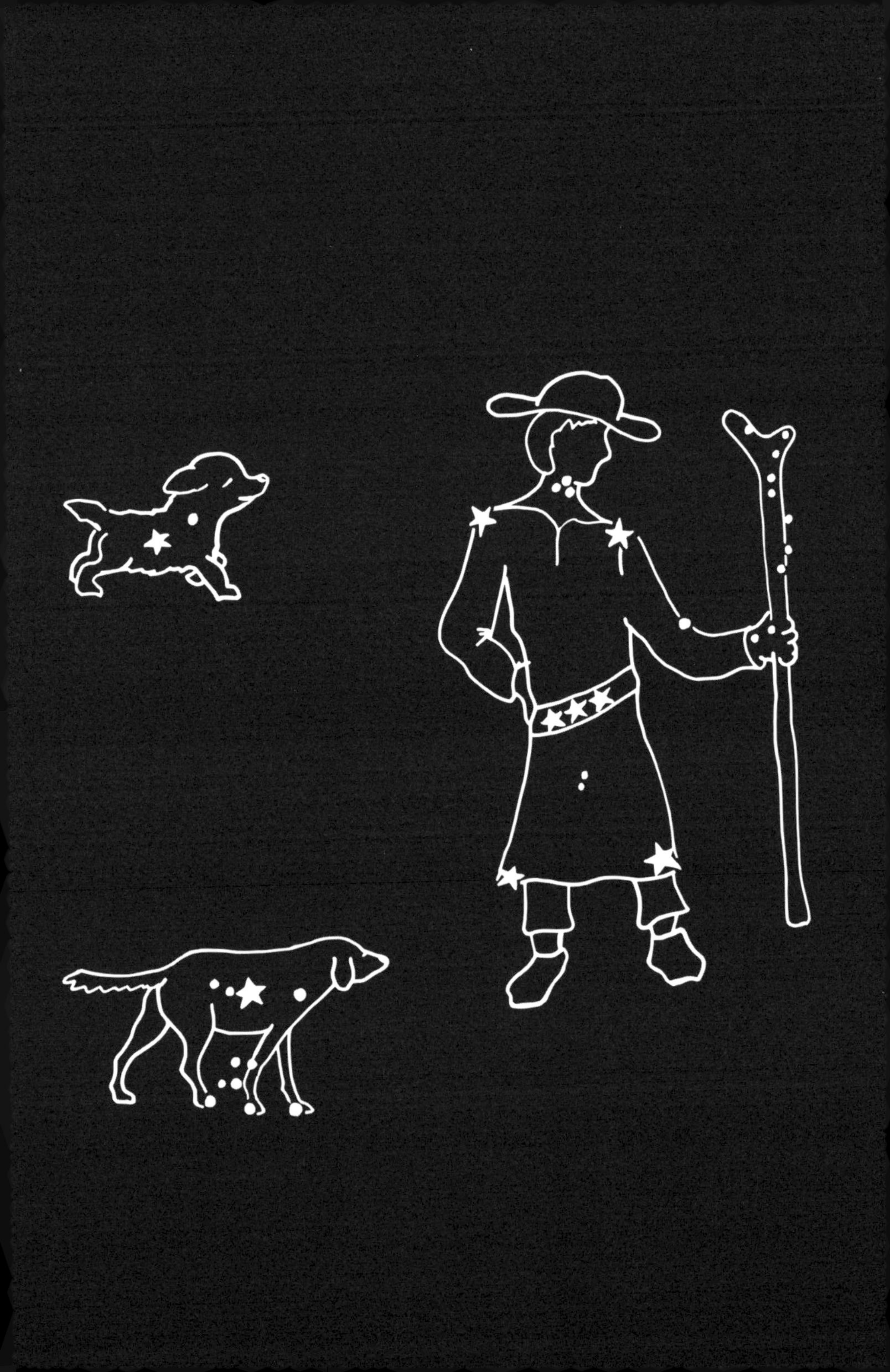

und als er an der alten Rabsburg vorüberkam, glaubt er, seinen Augen nicht trauen zu können, als er auf einmal eine blühende Wiese vor sich liegen sah. Auf dieser Wiese hütete ein altmodisch gekleideter Schäfer eine große Herde. Er trug einen langen weißen Mantel, der von einem goldglänzenden Gürtel umschlossen war. Auf dem Kopf trug er einen breitkrempigen Hut, und an der rechten Seite hing eine silberne Schalmei. Er hatte zwei Hunde bei sich und stützte sich auf seinen langen Stab.

Dem jungen Burschen war ganz seltsam zumute, denn Wiese, Schäfer und Herde konnten in dieser Winternacht nur ein Spuk sein. Während der Bursche noch überlegte, was das alles bedeuten könnte und was er tun sollte, setzte der Hirt seine Schalmei an die Lippen und blies eine wundersame Melodie. Mit den Klängen der Musik belebte sich plötzlich die Schafherde. Die Schafe sprangen auf einmal munter durcheinander. Doch mit einem Schlag war die ganze Erscheinung wieder verschwunden, und der Bursche stand einsam am Fuß der alten Rabsburg.[65]

Es gibt wohl kaum eine andere Sage, die schöner als diese die Gestalt des Orions beschreibt: Sie schildert eine große menschliche Gestalt, deren weiter langer Mantel vor allem durch die Fußsterne des Orions Rigel und Saiph aufgespannt wird. Der Gürtel, der den Mantel zusammenschnürt, wird goldglänzend genannt. In den Schultersternen des Orions Beteigeuze und Bellatrix ist zweifellos die breite Krempe des erwähnten großen Hutes zu erkennen. Besonders bemerkenswert sind der Stab, der gut in der Sternreihe rechts neben Bellatrix zu erkennen ist, und die silberne Schalmei, die an der rechten Seite hängt, was exakt zu den Sternen und Nebeln von Orions Schwertgehänge passt.

Jahres- und Tageszeit passen zu dem gesamten Bild. Als Begleiter treten die beiden Hunde auf, die sicherlich in den Sternbildern Großer Hund und Kleiner Hund gesehen werden können. Einzig die Schafe der Herde lassen mehrere Interpretationsmöglichkeiten zu. So könnten eventuell die Plejaden gemeint sein. Da die Sage jedoch explizit die Größe der Herde betont, erscheint es näherliegend, die Myriaden der Sterne der Milchstraße als die große Schafherde anzusehen.

Der Mann mit der Laterne

Vor vielen Jahren war der Schulze aus Hackpfüffel mit seiner Frau zum Kornmahlen in Brücken. Es war spät geworden, als sich die beiden auf den Heimweg machten. Bei tiefer Dunkelheit schob er seinen Karren, während seine Frau eine Kiepe trug. Erschöpft rasteten die beiden auf halbem Wege.
 Da sah seine Frau plötzlich ein Licht von hinten kommen. Erfreut sagte sie zu ihrem Mann, dass sie warten wolle, bis der nächtliche Wanderer mit dem Licht sie eingeholt habe, damit sie mit ihm in seinem Licht weitergehen könnten. Bald stand der Mann mit der Laterne vor den beiden, und sie entboten ihm einen guten Abend. Wie groß war aber ihr Schreck, als sie beim Grüßen plötzlich im Schein der Laterne erkannten, dass der Mann keinen Kopf hatte! Der Schulze und seine Frau erschauderten, drehten sich um und gingen rasch ihres Weges, immer hoffend, Abstand zu dem grausigen Begleiter zu gewinnen. Der blieb jedoch dicht bei ihnen, so dass die beiden bald vor Angst zitterten und sich nur mühevoll und schweißgebadet weiterkämpften. Erst als die beiden einen Bach passierten, entfernte sich der gespenstische Mann mit der Laterne, und das Licht erschien auf einmal hoch oben auf dem Turm des Kyffhäusers. Beim Glockenschlag eins erreichten der Schulze und seine Frau schließlich das heimatliche Dorf.[66]

Die Sage lässt sich gut als Sternbildsage interpretieren, wenn man unterstellt, dass eine Vertauschung der Wegrichtung der beiden Personen vorliegt und es anstelle der Schilderung des Weges von Brücken nach Hackpfüffel um die Beschreibung des Weges in umgekehrter Richtung, also von Hackpfüffel nach Brücken, geht. Bei der beschriebenen Laterne, die im Laufe der Erzählung näher kommt, also heller wird, könnte es sich um einen aufsteigenden, besonders hellen Stern handeln. Kaum ein anderer Stern passt so gut auf dieses Bild wie der am Abend aufgehende und ziemlich tief am Himmel stehende helle Sirius zur Winterszeit. Bei dem Mann, der die Laterne trägt, könnte es sich dann gut um den Orion handeln. Unschwer ist in ihm ein Mann zu erkennen. Die Sterne Rigel

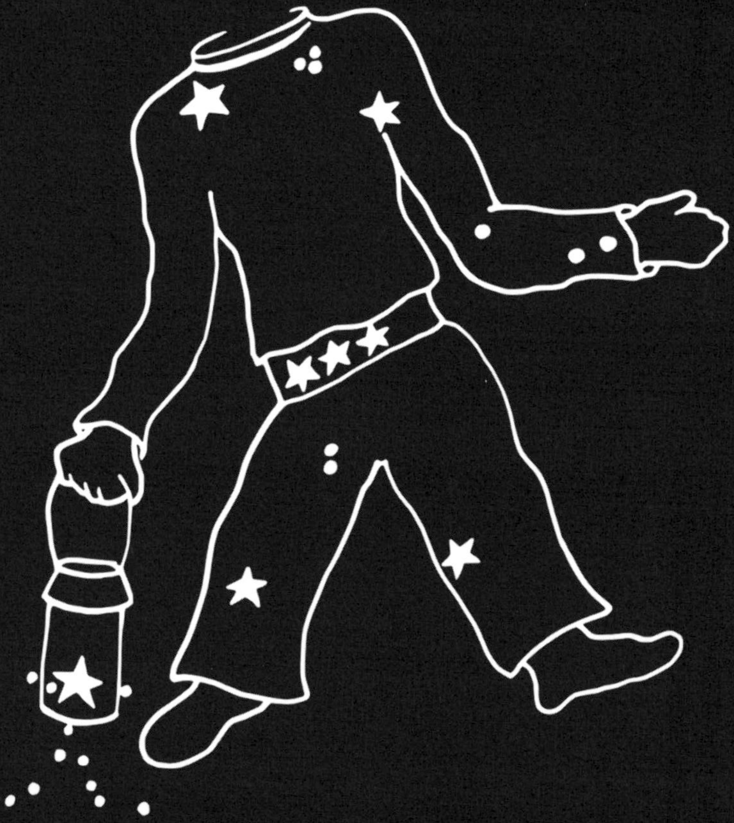

und Saiph bilden die Beine, die Körpermitte ist durch die Gürtelsterne deutlich erkennbar. Beteigeuze und Bellatrix markieren die athletische Schultern des Mannes. Im Kontrast dazu fehlen vergleichbar markante Sterne, die für den Kopf stehen könnten. Das Sternbild Orion passt deshalb hervorragend zur Vorstellung von einem Mann ohne Kopf. Schließlich ist die Mitteilung des Eindrucks, die Laterne nach einiger Zeit auf dem Kyffhäuserturm zu sehen, ein wichtiger Hinweis auf die scheinbare Bewegung des Sternhimmels. Diese führt dazu, dass der Sirius, der zunächst im Süden steht, einige Zeit später im Südwesten zu sehen ist.

Holda kommt zur Fastnacht

Einer Magd, die gern einmal Holda, wie Frau Holle auch genannt wird, sehen wollte, gab man den Rat, in der Fastnacht aufzubleiben und zu spinnen. So tat sie es denn auch. Abends um elf Uhr erschien tatsächlich Holda. Sie gab der Magd zwölf Spulen und verlangte von ihr, diese bis Mitternacht voll zu spinnen. Die geforderte Arbeit war beim besten Willen nicht zu leisten, deshalb verzweifelte die Magd an diesem Auftrag. Ihre Gefährtin schlug aber vor, Holda zu überlisten und einfach fertiges Garn auf die Spulen zu wickeln. Als Holda um zwölf Uhr wiederkam und nach der Verrichtung der angeordneten Arbeit fragte, sagte die Magd einfach, sie sei fast fertig. Da sagte Holda: „Das ist dein Glück!", und die Magd kam ungeschoren davon.[67]

Ähnlich wie vergleichbare Sagen von Perchta oder Frau Holle, die zur Wintersonnenwende spielen, tritt Holda als Herrscherin über das Spinnen, die Spinnstuben und die Spinnerinnen auf. Analog zu den Perchta- und Frau-Holle-Sagen darf vielleicht auch hier auf einen Bezug der Sage zu den Sternbildern Fuhrmann und Stier geschlossen werden.

Abb. S. 90: Der Mann mit der Laterne

Der feurige Hund auf dem Luppberg

Jedes Jahr vor der Fastenzeit erscheint des nachts auf der Höhe zwischen Schochwitz und Räther und bei Krimpe ein Hund. Der große Hund ist ganz schwarz, besitzt aber feurig leuchtende Augen.
Manchem erschrockenen Wanderer ist der Hund begegnet und begleitete ihn. Anderen springt er auf den Nacken, lässt sich ins nächste Dorf tragen und springt erst herunter, wenn ein anderer Hund bellt. Meist verschwindet der Hund im Luppholz. Er ist zuweilen aber auch schon bis in die Gegend von Höhnstedt gesehen worden.[68]

Der zur Winterzeit mit leuchtenden Augen erscheinende schwarze Hund lässt sich gut dem Sternbild Großer Hund zuordnen, das im Februar seinen höchsten Stand am Südhimmel erreicht. Der Hauptstern Sirius als hellster Fixstern könnte dabei sehr gut die Beschreibung der eindrucksvoll leuchtenden Augen erklären.

Das wütende Heer im Mansfelder Land

Jedes Jahr am Fastnacht-Donnerstag zieht das Wütende Heer durch das Mansfelder Land. Die Menschen erwarteten früher den Zug, als ob ein König oder Kaiser vorüberzöge. Vornweg geht ein alter Mann mit einem weißen Stab. Er warnt die Menschen und fordert sie auf, aus dem Wege zu gehen, damit sie keinen Schaden nehmen. Dieser Mann ist der Treue Eckart.
Ihm folgen die seltsamsten Gestalten, die teils zu Fuß, teils beritten daherkommen. In vielen Gestalten des Zuges erkennt man erst kürzlich Verstorbene wieder. Daneben sollen auch manche noch lebende Zeitgenossen mit im Zug gewesen sein. Sie werden von ganz merkwürdigen Erscheinungen begleitet. So reitet einer auf einem Pferd mit zwei Bei-

nen, ein anderer bewegt sich gebunden auf einem Rad, ein Dritter wiederum hat sein eines Bein über die Achsel gelegt und läuft trotzdem flott im Zuge mit, ein Vierter ist geköpft, und so geht es munter fort.[69]

Die Sage vom Umzug des Wilden Heeres zur Fastenzeit knüpft offensichtlich an die auffallenden Sternbilder des Winterhimmels an. Das Attribut des weißen Stabes, den der Treue Eckart vor sich herträgt, lässt vermuten, dass in dieser Sage der Orion mit dem Eckart gleichzusetzen ist, wobei die rechts vom Schulterstern Bellatrix stehenden Sterne als leuchtender Stab anzusehen wären. Die Zuordnung des Eckart in dieser Sage zum Orion gewinnt auch insofern an Wahrscheinlichkeit, als er, abgesehen von den mehr oder weniger unpersönlichen Dämonen, als einzige markante menschliche Gestalt explizit erwähnt. Die nachfolgende Milchstraße mit dem Großen und dem Kleinen Hund, aber auch der Stier, der Hase, die Zwillinge und weitere Sternbilder sind dann vermutlich die seltsamen Gestalten, die im Zug folgen.

Holdas Beil

Einem Mann, der sich wünschte, einmal Holda, das heißt Frau Holle, zu begegnen, riet man, sich in der Fastenzeit nachts auf eine Wegkreuzung zu stellen. Er folgte diesem Rat, und wirklich brauste Holda mit dem Wilden Heer heran. Da der Mann nicht aus dem Wege ging, hieb ihm Holda ihr Beil in die Achsel.

Niemand war in der Lage, das Beil wieder herauszuziehen. So musste der arme Mann lange mit dem Beil in der Schulter herumlaufen. Als er sich gar nicht mehr zu helfen wusste, fragte er in seiner Not den Mann, der ihm den ersten Rat gegeben hatte, erneut um Rat. Dieser meinte, dass er es zur Fastenzeit auf demselben Kreuzweg versuchen sollte. Vielleicht würde Holda das Beil wieder herausziehen.

So ging der Mann wieder auf den Kreuzweg. Holda kam wie im Vorjahr mit ihrem Zug vorbei und sprach: „Voriges Jahr habe ich hier ein

Beil in einen Klotz gehauen, das will ich wieder mitnehmen". Dabei zog sie das Beil heraus.[70]

Die Sage schildert Holda als winterlichen Dämon. Die Handlung passt ganz zu verwandten Berichten von Frau Holle und Perchta, so dass auch die Zuordnung Holdas zum Sternbild Fuhrmann naheliegend ist.

Der gebannte Wagen an der Suhler Ausspanne

Oben am Rennsteig, wo die alte, von Suhl kommende Leubestraße ihren höchsten Punkt erreicht, war einmal im späten Winter ein Bauer mit seinem Gespann unterwegs. Plötzlich blieb der Wagen stehen, und die Kühe, die den Wagen zogen, konnten keinen Schritt weitergehen. Der Bauer sah sich um und entdeckte einen etwas abseits stehenden Mann ohne Kopf.

Ohne lange zu überlegen, ergriff er seine Axt und ging auf den kopflosen Dämon los. Dieser versank jedoch plötzlich im Boden. Mit seinem Verschwinden war der Bann gebrochen, und die eben noch vor Anstrengung schweißtriefenden, festgemachten Kühe konnten den Wagen auf einmal mühelos weiterziehen.[71]

Die Sage beschreibt augenscheinlich den Niedergang markanter Wintersternbilder am Spätwinterhimmel, der späte Winter wird explizit als Jahreszeit genannt. Anfang März steht der Fuhrmann mit dem Stier, der offensichtlich nicht nur ein Zugtier, sondern das ganze Gespann verkörpert, hoch am Himmel. Capella, der Hauptstern des Sternbildes Fuhrmann, ist nahe des Zenits zu finden. In den ersten Stunden des Abends scheint sich der Fuhrmann kaum zu bewegen, Capella bleibt in der Nähe des Zenits beherrschend über dem Abendhimmel. Die scheinbare Unbeweglichkeit entspricht dem gebannten Fuhrwerk. Am späten Abend sinkt der Fuhrmann mit Capella nach Westen ab, und noch deutlicher senkt sich das Sternbild Stier herab. Fast gleichzeitig mit dem Orion versinkt der Stier um Mitternacht hinter dem westlichen Horizont. Wie in anderen Sagen könnte auch hier der Orion den kopflosen Dämon darstellen. Sein Verschwinden zieht scheinbar die Weiterfahrt und damit das Verschwinden des Wagens nach sich.

Die in der Sage als Zugtiere genannten Rinder passen sehr gut zum Sternbild Stier und sind zugleich ein Indiz für ein sehr altes Sagenmotiv, da die Rinder viel früher als die Pferde – wahrscheinlich bereits im Neolithikum – als Zugtiere eine wichtige Rolle spielten.

STERN-SAGEN
OHNE JAHRESZEITLICHEN BEZUG

Frau Holle trägt den Himmel

Frau Holle kommt in ganz Deutschland und darüber hinaus in mannigfacher Gestalt vor. Man findet sie etwa als gebückte Greisin, mit von Locken umflattertem Haar, man findet sie beim Besuchen der Spinnstuben, im tiefen dunklen Wald, im wilden Zug in der Wetternacht und hoch am Himmel stehend.
So wird berichtet, dass Frau Holle den Sternhimmel hält. Sie trägt das Firnament mitsamt dem Mond auf ihrem Nacken. Ihr Spinnrocken, den sie mit der rechten Hand hält, ist voll kleiner Spindeln gesteckt.[72]

Diese Überlieferung stellt Frau Holle unmittelbar an den Sternhimmel und weist ihr einen zentralen Platz zu. Kaum ein anderes Sternbild ist so geeignet wie der Fuhrmann, den Träger des Firnamentes zu verkörpern. Nach einer solchen Interpretation lässt sich sein heller Hauptstern Capella als Haupt oder Nacken der Frau Holle auffassen. Als zirkumpolarer Stern ist er das ganze Jahr über zu sehen, steht im Sommer tief im Norden am Horizont, steigt im Herbst auf und herrscht schließlich mächtig in den langen Winternächten über das sich drehende Himmelsgewölbe. – Die Nachricht vom Mond, der im Nacken der Frau Holle liegt, macht, wenn man sie wörtlich nimmt, jedoch auch eine zweite Interpretation möglich. Da der Mond sich wie die Planeten nahe der Ekliptik bewegt und diese unterhalb des Fuhrmanns verläuft, müsste stattdessen ein markantes Sternbild gesucht werden, das sich tiefer als der Fuhrmann befindet. Als auf der Ekliptik liegende Sternbilder kommen die Tierkreis-Konstellationen – im Winter etwa Stier oder Zwillinge – in Frage oder auch das so deutlich menschengestaltige Sternbild Orion, dessen Kopfbereich sich nur wenig unterhalb der Ekliptik befindet und dessen Nähe der Mond regelmäßig passiert.

Irings Weg

Im Jahre 531 musste sich der Thüringer König Irminfried mit seinen Kriegern dem Herr des fränkischen Königs Dietrich stellen. Drei Schlachten verloren die Thüringer, und schließlich blieb dem König nichts anderes übrig, als sich durch die Flucht zu retten.

Der Frankenkönig überlegte hin und her, wie er den thüringischen König in seine Gewalt bekommen und ihn töten könne, ohne den Verdacht auf sich zu lenken. Schließlich lud er ihn unter falschem Versprechen ein. Ein früherer Ratgeber des thüringischen Königs, Iring, war noch im Lager der Franken. Diesen befahl Dietrich zu sich und überredete ihn mit trügerischen Versprechungen, Irminfried, seinen ehemaligen Herrn, zu töten, ohne dass zu erkennen sei, dass er ihn angestiftet habe.

Als Irminfried zu König Dietrich kam, warf er sich ihm zu Füßen. Iring, der inzwischen Waffenträger des fränkischen Königs war, stand mit entblößtem Schwert daneben. Als Irminfried kniend am Boden lag, versetzte Iring dem thüringischen König kurzerhand einen tödlichen Stoß.

Dietrich rief, als er den getroffenen Irminfried sah, um seine Mitschuld zu vertuschen, mit geheucheltem Entsetzen zu Iring: „Da du durch solch eine Gräueltat ein Abscheu aller Menschen geworden bist, so weiche von uns, der Weg steht dir offen, wir wollen an deiner Freveltat weder Teil noch Schuld haben!"

Iring schwieg jedoch nicht, sondern erwiderte dem König: „Mit Recht bin ich allen Menschen ein Abscheu geworden, doch nur, weil ich deinen Ränken gedient habe. Bevor ich jedoch von dannen gehe, will ich mein Verbrechen damit sühnen, dass ich meinen Herrn räche." Und mit dem Schwert, das noch vom Blut Irminfrieds troff, stieß er König Dietrich nieder. Dann legte er den Leichnam Irminfrieds über den des Franken, damit sein alter Herr wenigstens im Tod über Dietrich triumphiere.

Mit dem Schwert bahnte sich Iring den Weg ins Freie und entkam. Seine Tat wurde schnell im ganzen Land bekannt und von Generation zu Generation weitererzählt. Deshalb wird bis heute die Milchstraße am Himmel „Irings Straße" oder „Irings Weg" genannt.[73]

Nachwort

Der unmittelbare Zusammenhang zwischen Sternbildern, Tageszeit und Kalender nahm in früheren Zeiten einen wichtigen Platz im Alltag ein. Die Termine für die verschiedensten bäuerlichen Arbeiten, aber auch Reisetermine und die Orientierung auf See oder in Steppen und Wüsten waren maßgeblich an die Beobachtung der Sterne und an die Erkenntnis der Regelhaftigkeit himmlischer Abläufe gebunden. Astronomie war deshalb bereits im Mittelalter und in der Vorgeschichte eine wichtige und für den Fortbestand der Kulturen wesentliche Wissenschaft.

Die Bedeutung der Uhr- und Kalenderfunktion des Sternhimmels verminderte sich mit der Einführung mechanischer Uhren und der Verbreitung gedruckter Kalender. Der Wochenrhythmus und der kirchliche Jahreskreis – und seit dem 18. Jahrhundert die mehr und mehr verbreiteten Turmuhren – gaben den Zeittakt vor, so dass die Bedeutung der Sternbilder für die Zeitbestimmung zurückging. Lediglich in der Seefahrt blieben die Sterne noch lange eine ganz wichtige zeitliche und räumliche Orientierung. Selbst heute werden Sterne noch für die Positionsbestimmung und Ausrichtung von Raumschiffen genutzt. Im normalen Alltag verschwand jedoch in den letzten Jahrhunderten die Notwendigkeit, Zeit und Ort anhand der Sterne zu ermitteln. So blieb in der mündlichen Überlieferung das Bildhafte, Erzählende erhalten, während der wissenschaftliche Inhalt und damit oft auch die mythologische Bedeutung in den Hintergrund traten. Wenn deshalb von Sternbildsagen die Rede ist, denkt man heutzutage in erster Linie an die Sagen des klassischen Altertums. Griechische und römische Namen haften an den uns bekannten Sternbildern, ja definieren diese oft, auch die Bezeichnung der Planeten haben wir aus der Antike übernommen. Die Verbindung der Namen der Hauptgötter mit der Bezeichnung der Planeten legt beredtes Zeugnis für die Stellung der Himmelsbeobachtung in der Antike ab. Dem entspricht auch ganz die Benennung der Sternbilder nach wichtigen Gestalten der Mythologie. Schon anhand der antiken Überlieferung lässt sich vermuten, dass die Sternbildbezeichnungen nicht nur eine Form der Illustration unabhängig entstandener Mythen sind, sondern dass vielmehr die

Sternbilder und die Vorgänge am Himmel selbst Ursache für bestimmte religiöse Anschauungen und die Mythenbildung gewesen sind. Die enorme Bedeutung der Astronomie in allen früheren Hochkulturen wird unter anderem auch daran erkennbar, dass viele Bezeichnungen am Sternhimmel und namentlich Sternnamen aus dem Arabischen stammen und wegen des hohen Standes der Himmelsbeobachtung in Nordafrika und Vorderasien im Mittelalter von der europäischen mittelalterlichen Astrologie und Astronomie übernommen worden sind. Viele Bezeichnungen von Sternen und Sternbildern sind noch viel älter und gehen bereits auf vorantike Traditionen zurück.

Es haben sich jedoch in der mitteleuropäischen Tradition auch frühe einheimische Bezeichnungen von Sternen und Sternbildern erhalten. Der Sternhimmel findet sich in der nordgermanischen Mythologie wieder, und auch im deutschen Sagenschatz finden sich Überlieferungen, die an Sternbilder anknüpfen.

Sternbildsagen im Jahreskreis

Die Entdeckung des Zusammenhangs zwischen den Jahreszeiten und der Bewegung der Sterne im Jahreskreis gehört vermutlich zu den ältesten wissenschaftlichen Erkenntnissen der Menschheit überhaupt. Die Präzision und die Zuverlässigkeit der Bewegung der Gestirne am Himmel boten damit in allen Zeiten die besten Voraussetzungen, um Ereignisse im Jahreskreis einzuordnen. Sagen, die sich auf Sternbilder beziehen, sind deshalb typisch für bestimmte Jahreszeiten.

Die Bestimmtheit, mit der Sagen im Jahreskreis festgemacht werden, hängt aber vom Stand der Sterne am Fixsternhimmel, d. h. ihrer relativen Lage zum Himmelsäquator und vom Jahreslauf der Sonne ab, deren scheinbare Bahn am Fixsternhimmel die Ebene der Ekliptik markiert. Unterschiedliche Sternbilder haben nicht nur ganz verschiedene Zeiten, sondern auch eine ganz unterschiedliche Dauer der Beobachtbarkeit. Sternbilder, die immer zu sehen sind, weil sie polnah stehen – so genannte zirkumpolare Sternbilder – gehen bei der betreffenden geografischen Breite niemals unter, sind demzufolge das ganze Jahr über und in jeder Phase einer Nacht beobachtbar. Sie können demzufolge zu allen Jahreszeiten in Sternbildsagen auftauchen. Sie verändern jedoch im Verlauf einer Nacht und auch des Jahres ihre Orientierung am Himmel. Das kann leicht Ursache dafür sein, dass solche Sternbilder als Motiv zu verschiedenen Jahreszeiten unterschiedlich interpretiert werden. Ein markantes Beispiel für ein zirkumpolares Sternbild ist der Große Wagen, der stets sichtbar ist, der sich aber zur Mitte der Nacht je nach Jahreszeit ganz unterschiedlich darstellt: Einem Wagen am ähnlichsten erscheint er in seiner Stellung zur Herbst-Tag-und-Nacht-Gleiche, wenn er horizontal am Nordhimmel steht. Zur Wintersonnenwende scheint der Wagen mit der Deichsel voran zum Nordosthorizont zu stürzen. Im Frühjahr steht der Wagen kopfüber nahe dem Zenit hoch am Himmel. Im Sommer steht er mit aufwärts gerichteter Deichsel steil im Nordwesten.

Den zirkumpolaren Sternbildern stehen solche Sternbilder gegenüber, die tiefer am Fixsternhimmel stehen und die deshalb nur zu manchen Jahreszeiten am Nachthimmel zu sehen sind. Zu diesen Sternbildern gehören die Tierkreissternbilder, aber auch weitere Sternbilder, die sich in der Umgebung des Himmelsäquators finden. Diese nur zu bestimmten Jahreszeiten beobachtbaren Konstellationen treten demzufolge nur in diesen Jahreszeiten in den Sagen auf.

Für das Erscheinen von Sternbildern in den Sagen spielt sicherlich eine Rolle, wie markant das Sternbild erscheint, ob es bestimmte Assoziationen weckt, wie hoch es am Himmel steht und wie lange es beobachtbar ist. Generell gilt, dass ein Sternbild umso kürzer zu sehen ist, je weiter es vom Himmelsnordpol entfernt ist. Die Beobachtbarkeit wird darüber hinaus jedoch auch noch durch den großen jahreszeitlichen Unterschied im Tagesbogen der Sonne, d. h. den Verlauf der Ekliptik relativ zum Himmelsäquator, bestimmt.

Im Sommer liegt die Ekliptik am Tage über, in der Nacht unter dem Himmelsäquator, folglich ist der Tagesbogen der Sonne groß, die Sonne steht in unseren Breiten mittags hoch am Himmel. Dementsprechend kurz sind die Sommernächte, kurz und flach ist deshalb auch die Ekliptik am sommerlichen Sternhimmel. Typische Sommersternbilder sind nur wenige Stunden zu sehen und schaffen es nur knapp über den Horizont. Es bedarf heller markanter Sterngruppen, damit ekliptiknahe Sommersternbilder eindrucksvoll wirken. So erscheint selbst der mit relativ hellen Sternen reich gesegnete Schütze nur bei sehr klarem Wetter interessant, weil er auch in seinen besten Zeiten nur knapp über den Horizont steigt und überdies in den Mittsommernächten die Sterne wegen des Restlichtes der nicht allzutief unter dem Horizont stehenden Sonne nicht so brillant erscheinen wie in den tiefdunklen Winternächten. So kommt es, dass in den Sommernächten eigentlich nur eine Konstellation der Tierkreissternbilder für einige Stunden einen wirklich herausgehobenen Eindruck vermittelt, nämlich der obere Teil des Skorpions mit dem hellen Stern Antares. Es ist deshalb anzunehmen, dass diese Sterngruppierung auch in den Sagenüberlieferungen der Sommerzeit eine besondere Rolle spielt. Wegen der kurzen Sichtbarkeit erscheint das Oberteil des Skorpions stets annähernd in der gleichen Position und etwa in der gleichen Beobachtungsrichtung am Himmel. Alle anderen eindrucksvollen Sommersternbilder wie z. B. der Herkules oder der Adler mit dem hellen Atair im Sommerdreieck stehen deutlich über der Ekliptik. Wega als der hellste Stern des so genannten Sommerdreiecks liegt in Mitteleuropa sogar am Rande der Zirkumpolarität, Deneb, die dritte helle Ecke des Sommerdreiecks, ist zirkumpolar. Diese Sommersternbilder sind demzufolge länger im Jahresverlauf sichtbar, also auch in der mündlichen Überlieferung weniger jahreszeitspezifisch als die Tierkreissternbilder des Sommers.

Ganz anders ist die Situation im Winter: Während am Tage die Ekliptik unter dem Himmelsäquator steht und der Tagesbogen der Sonne kurz und flach ist, steigt die Ekliptik und mit ihr die Tierkreissternbilder und die anderen Wintersternbilder in der Nacht weit hinauf. Die ekliptiknahen Wintersternbilder beschreiben einen großen Bogen am nächtlichen Himmel und sind über viele Stunden hinweg sehr gut zu sehen. Der sehr tiefe Stand der Sonne unter dem Horizont sorgt außerdem in wolken- und mondlosen Nachtstunden für einen tiefschwarzen Hintergrund, auf dem sich die Sterne hochbrillant abheben. Diese weitaus bessere Sichtbarkeit der Wintersternbilder, die lange Dauer der Winternächte und die Tatsache, dass eine ganze Reihe besonders heller Sterne zum Winterhimmel gehören, sind die Ursache dafür, dass der Wintersternhimmel insgesamt sehr viel eindrucksvoller als der Sommersternhimmel ist. Schon deshalb ist zu erwarten, dass die Wintersternbilder in den Sagen viel tiefere Spuren als die Sommersternbilder hinterlassen haben.

Die jahreszeitlichen Unterschiede im Verlauf der Ekliptik und die Länge der Nacht wirken sich wegen ihres Zusammenhangs mit der Sichtbarkeit der Sterne auch auf einen möglichen tageszeitlichen Bezug der Sternbildsagen aus. Während ein typisches Sommersternbild wie der Schütze oder der Skorpion nur in der kurzen Sommernacht erscheint, differenziert sich die Sichtbarkeit der Wintersternbilder und partiell auch der Herbst- und Frühlingssternbilder deutlich nach den Jahreszeiten. So kulminiert das Wintersternbild der Zwillinge im Hochwinter. Es erscheint aber auch im Herbst im Osten als Morgensternbild. Im Frühjahr kann man die Zwillinge im Westen als Abendsternbild sehen. Frühlings- und Herbststernbilder, noch mehr jedoch die Wintersternbilder, bieten damit vielfältige Möglichkeiten, zu verschiedenen bildlichen Interpretationen zu gelangen, je nach Jahres- und Tageszeit und damit nach unterschiedlicher Position und Orientierung der Sterne am Himmel. Diese können sich demzufolge auch in unterschiedlichen bildhaften Deutungen in den Sagen niederschlagen.

Die je nach Jahres- und Tageszeit unterschiedliche Sichtbarkeit der Sternbilder ist in keinem anderen Bereich der geografischen Breiten so ausgeprägt wie bei uns. Diese enormen Unterschiede sind zum einen eine Folge des Wechsels zwischen kurzen und langen Nächten im Jahresverlauf, zum anderen Folge des zeitweiligen Erscheinens von Teilen des Südsternhimmels über dem Horizont. Im Gegensatz dazu haben polnahe Regionen zwar einen noch stärkeren Jahresgang in der Tageslänge, die Sternbildsichtbarkeit ist aber weniger differenziert, weil der größte Teil der überhaupt sichtbaren Sternbilder zirkumpolar ist. In Äquatornähe werden alle Sternbilder des Himmels sichtbar, also viel mehr als bei uns, aber dafür gibt es keinen ausgeprägten Jahresgang hinsichtlich der Dauer der Nacht und kaum Unterschiede in der Sichtbarkeitsdauer, denn diese kommen dort allein durch die Position der Sternbilder am Fixsternhimmel zustande. Die mittleren Breiten sind deshalb besonders prädestiniert für eine differenzierte Betrachtung, kalendarische Nutzung und mythische Interpretation des Sternhimmels.

Die Himmelsbewegungen, die für sehr unterschiedliche Sichtbarkeit der Sternbilder im Jahreslauf sorgen, bieten hervorragende Voraussetzungen für die kalendarische Gliederung des Jahres. Neben dem Lauf des Mondes, von dem sich die Monate ableiten, ist die Sichtbarkeit der

Sternbilder ein Maß für die Jahreszeiten und für die vier wichtigsten kalendarischen Eckpunkte, die Sonnenwenden und die Tag-und-Nacht-Gleichen, die die Jahreszeiten kalendarisch voneinander trennen. Die zu den einzelnen Jahreszeiten besonders hoch am Himmel aufsteigenden und um Mitternacht kulminierenden markanten Sternbilder scheinen die entsprechenden Jahreszeiten zu regieren und werden in der kalenderbezogenen Überlieferung deshalb auch mit den für diese Jahreszeiten besonders typischen Beschäftigungen in Zusammenhang gebracht.

Der Löwe mit dem hellen Stern Regulus, der Bärenhüter mit dem hellen Arctur und der daneben stehenden nördlichen Krone und schließlich Spica, der Hauptstern des Sternbildes Jungfrau, markieren den entwickelten Frühling und stehen deshalb auch mit dem Erwachen der Natur, mit dem Grünen und Gedeihen, mit Fruchtbarkeit und Wachsen im Zusammenhang. Besonders markant erscheint der Löwe am Frühlingssternhimmel. Abgesehen vom lange ausgestorbenen Höhlenlöwen, ist der Löwe kein Tier unserer Breiten; die Bezeichnung des Sternbildes wurde wie viele andere aus dem Süden übernommen. Im Sternbild des Löwen könnte als stattliches Tier auch ein Hirsch gesehen werden, wie er in unseren Breiten vorkommt. Deshalb wird hier die Vermutung angestellt, dass das Sternbild Löwe im einheimischen Sagenschatz oft dem Hirsch als Sagengestalt zugeordnet werden kann.

Das hier als Hirsch gedeutete Frühlingssternbild Löwe könnte im Zusammenhang mit zwei benachbarten Sternbildern weiblichen Charakters stehen, den Haaren der Berenike und der Jungfrau. Die griechische Göttin des Waldes und der Jagd Artemis und die römische Göttin Diana werden u. a. auf einem Stier oder auch einem Hirsch reitend dargestellt. Als Hirsch-Reiterin, aber auch als Fruchtbarkeitsgöttin, ist das Bild der antiken Sagengestalt kongruent zu dem Waldfräulein der thüringischen Sage. Die römische Diana, die auch als Mondgöttin verehrt wurde [74], ist in dieser Eigenschaft vielleicht auch dem Monatszyklus und damit dem Fruchtbarkeitszyklus der Frau zuzuordnen.[75] Die Vorstellung einer fruchtbarkeitsbringenden, die Ländereien segnenden weiblichen Gottheit hat auch in der Gestalt der „Guten Frau" oder von „Frau Harke" Parallelen, die ihrerseits mit nachtfahrenden Frauen, d. h. hexenähnlichen Gestalten, jedoch ohne den Zusammenhang mit dem personifizierten Bösen, verwandt sind.[76]

Der Sommer wird vom Sommerdreieck und hier besonders von der um Mitternacht nahe dem Zenit stehenden Wega regiert. Daneben kann das Sternbild Herkules wegen seiner hohen Stellung am Sommerhimmel als Symbol für den Sommer stehen. Der sehr markante obere Teil des Skorpions kann kalendarisch sehr gut für den Hochsommer in Anspruch genommen werden, wird aber wegen seiner tiefen Stellung kaum als diese Jahreszeit „regierendes" Sternbild betrachtet werden. Statt dessen bildet der Schwan, dessen jahreszeitlicher Bezug vielleicht allgemein in der Ernte, vor allem der Getreideernte, d. h. in der Landwirtschaft und überhaupt der Landnutzung gesehen werden kann, eine Dominante des sommerlichen Sternhimmels.

Die markantesten Konstellationen des Herbststernhimmels werden von dem ausgedehnten Sternbild Pegasus, der kleinen, aber markanten Dreiergruppierung des Widders und der Andromeda mit ihrem auffallenden Nebel gebildet. Deshalb werden diese Sternbilder bei uns am ehesten mit den typischen Ereignissen des Herbstes, Obsternte, Weinlese, der Zeit der Reife und des Niedergangs der Natur, in Verbindung zu bringen sein.

Bei den Germanen wurde die Zeit um die Herbst-Tag-und-Nacht-Gleiche nicht nur im Zusammenhang mit dem Ende des Sommers und der Ernte gefeiert. Zugleich war es auch ein Fest des Gedenkens an die Toten.[77] In den Anfang November liegenden christlichen Festen Allerheiligen und Allerseelen kann man vielleicht eine Kontinuität des vorchristlichen herbstlichen Totengedenkens sehen. Eine Verbindung zwischen vorchristlicher Tradition, christlichem Festkalender und Sternbildern steckt vermutlich in der Sage von der Wilden Jagd und den getöteten Priestern im Ilmtal.

Der Wintersternhimmel wird vom Fuhrmann regiert, zu dessen Füßen das Sternbild Stier mit dem roten Hauptstern Aldebaran und das Sternbild Zwillinge sowie die noch etwas darunter stehenden hellen Sterngruppierungen des Orions und des Kleinen und des Großen Hundes den nächtlichen Winterhimmel dominieren. Nicht von ungefähr spielt die Tätigkeit des Spinnens in den Wintersagen eine herausragende Rolle, da die langen dunklen Abende des Winters seit ferner Vorgeschichte und bis in die Neuzeit hinein im wesentlichen der schier ewige Geduld fordernden Tätigkeit des Spinnens gewidmet waren. Es erscheint deshalb naheliegend, dem den Winterhimmel regierenden Sternbild Fuhrmann mit seinem Hauptstern Capella (Zicklein) oder der Figur des Orions mit Frau Holle oder Perchta eine Person der Sage zuzuordnen, die dem Spinnen und den Spinnerinnen in besonderem Maße verbunden ist.

Mit dem Weihnachtsfest wurde eines der christlichen Hauptfeste in die Zeit der Wintersonnenwende gelegt. Die Festlegung des Festdatums erfolgte bereits in der Antike und orientierte sich am Fest des unbesiegbaren Sonnengottes (25.12., *sol invictus*), war also schon damals als Sonnenwendfest, als Fest des immer wieder zunehmenden Lichtes zu verstehen.[78] Die Darstellungen dieses Gottes mit strahlendem Haupt entsprechen häufig denen des griechischen Sonnengottes Helios, der als Wagenlenker den Sonnenwagen über den Himmel führt. In dieser Funktion entspricht der *sol invictus* ganz dem Sternbild Fuhrmann, „der die Zügel hält". Dieses zur Wintersonnenwende hoch am Nachthimmel stehende Sternbild wurde offensichtlich zur Römischen Kaiserzeit in Verbindung mit dem Jahreslauf der Sonne gesehen, womit auch eine Verbindung des *sol invictus* und des christlichen Weihnachtsfestes mit dem Sternbild Fuhrmann wahrscheinlich ist. In den thüringischen Wintersonnenwendsagen tauchen verschiedentlich ein Wagen und Frau Holle oder Perchta als Wagenlenkerin auf. In seiner Funktion als Wagenlenker wurde der römische *sol invictus* in unserer Mythologie offensichtlich durch einen weiblichen Lenker des Himmelswagens, eine weibliche Himmelsgottheit, ersetzt. Ein direkter Bezug zur Sonne lässt sich aus den Sagen jedoch nicht erschließen.

Die Feier eines germanischen Wintersonnenwendfestes ist aus dem mittelalterlichen Norwegen überliefert, wo König Hakon festlegte, dass das Julfest zur gleichen Zeit gefeiert werden soll wie das christliche Weihnachten.[79] Entsprechende urkundliche Nachrichten fehlen für Deutschland, obwohl es im Volksglauben zahllose Hinweise gibt, die auf die besondere Würdigung dieser Jahreszeit unabhängig vom christlichen Weihnachtsfest schließen lassen.

Sternbildsagen und christliche Tradition

Während aus vielen Gegenden Deutschlands umfängliche Sammlungen von Sagen mit christlichem Hintergrund überliefert sind und oft sogar die frohe christliche Botschaft das Zentrum der Handlung ausmacht, stehen die meisten der hier mitgeteilten Sternbildsagen nicht mit der christlichen Tradition im Zusammenhang. Nur einige der Sternbildsagen schließen Handlungen und Motive ein, die sich aus der christlichen Tradition des Mittelalters ableiten. Das muss zwar nicht bedeuten, dass diese Sagen in der überlieferten Form aus dem Mittelalter stammen, aber sie geben damit Beispiele für die mündliche Überlieferung, die zumindest für einzelne Motive aus dem Mittelalter herreicht.

Biblische Motive kommen vereinzelt in Bezeichnungen des Sternhimmels vor, so z. B. der Kopf des Johannes.[80] Im Hinblick auf die Weihnachtsgeschichte ist das Sternbild Krebs mit noch aktuell gültigen Bezeichnungen besonders interessant. In der Antike, d. h. auch um Christi Geburt, war dieses Sternbild dasjenige des Tierkreises, das gerade zur Wintersonnenwende um Mitternacht die höchste Stellung erreichte. Damit besaß dieses Sternbild, obwohl seine Sterne eher unscheinbar sind, eine herausgehobene Stellung und eine große Bedeutung für den Kalender. Die beiden zentralen Sterne des Sternbildes Asellus Australis (südliches Eselchen) und Asellus Borealis (Nördliches Eselchen) stehen dicht bei der Ekliptik. Etwas rechts zwischen ihnen findet man einen mit bloßem Auge sichtbaren Sternhaufen, der den Namen Praesepe, Krippe, trägt. Der besondere Bezug dieses Sternbildes zur Wintersonnenwende und die drei seltsamen Namen seiner ekliptiknahen zentralen Objekte verbinden das Sternbild unmittelbar mit der biblischen Weihnachtsgeschichte, in der die Krippe eine zentrale Rolle spielt und zwei Tiere – Ochse und Esel – an ihr stehen. Die eigentliche Weihnachtsbotschaft, die Geburt des Messias, verbindet sich wahrscheinlich – wie schon lange vermutet – mit einem über den Fixsternhimmel wandernden Objekt, das gerade zur Wintersonnenwende bzw. zu Epiphanias den ausgezeichneten Bereich am Himmel, die Krippe (Praesepe), erreichte.

Trotz der naheliegenden Verbindung zwischen einigen biblischen Motiven und den Sternbildern lassen die meisten thüringischen Sternbildsagen einen christlichen Zusammenhang nicht erkennen. Daher muss vermutet werden, dass die Überlieferung der meisten sternbildbezogenen Mythen in Thüringen eher aus vorchristlicher als aus christlicher Tradition hervorgegangen ist. Meist bezieht sich der Zusammenhang mit der christlichen Überlieferung nur auf die Zeitangabe, die sich aus dem kirchlichen Festkalender herleitet. In einigen Fällen sind Priester oder Ordensleute die handelnden Personen wie in der Eisfelder Sage von der Äbtissin Juliane oder in der Sage vom Ötterner Ritter, der die zwei Priester zu Tode bringt. Während sich in der Eisfelder Sage Motive des Spätmittelalters oder der Reformationszeit widerspiegeln, erscheinen die Priester von Öttern eher in der Funktion von Märtyrern aus der Zeit der Christianisierung, d. h. dem frühen Mittelalter.

Sternbildsagen mit vor- und frühgeschichtlichem Hintergrund

Viel stärker als die christlichen Motive treten in den Sternbildsagen Motive und Handlungen heraus, denen Aberglaube oder vorchristlicher Kult zu Grunde liegt. Viele Sagengestalten scheinen aus der heidnischen Götterwelt zu stammen oder aus der Angst vor wiederkehrenden Toten geboren zu sein. So finden wir Riesen, mythische Räuber, menschliche und tierische Dämonen und nichtchristliche göttliche Gestalten. Letztere lassen sich in mehrere Personen oder zumindest Typen unterscheiden.

Das auf einem Hirsch reitende Waldfräulein ist offensichtlich seiner Herkunft nach eine dem Frühling zuzuordnende Göttin, die mit den Tieren des Waldes und deren besonderer Symbolgestalt, dem Hirsch, der Jagd und der Fruchtbarkeit verbunden ist. Soweit sich das Waldfräulein in jahreszeitlich festgelegten Sagen findet, tritt es bevorzugt im Frühling auf. Das Waldfräulein segnet Felder und Fluren. Im Winter ist es verborgen, es zieht sich in eine schützende Höhle zurück.

In den nordgermanischen Sagen wie der Edda gibt es eine Reihe von Bezügen zum Sternhimmel. Darunter verbergen sich wahrscheinlich auch ältere Schichten, die wenigstens zum Teil auf altes indoeuropäisches Traditionsgut zurückgehen könnten. Ein Beispiel dafür könnte die Interpretation des Sternbilds Zwillinge als Augenpaar sein, die in der Edda als die von Odin oder Thor an den Himmel geworfenen Augen des getöteten Riesen Thiassi beschrieben werden.[81] Augenpaar-Sagen gibt es auch in unserer Gegend, z. B. die Sage von den Feueraugen vom Singer Berg.[82]

Eine weitere germanische Tradition steckt in der Sage von Iring und der Milchstraße. Nicht nur die historische Handlung, die hier geschildert wird, und die Namen der handelnden Personen, auch die Verbindung mit dem Sternhimmel passt zur germanischen Überlieferung. Die Milchstraße wird statt als Iringstraße auch als Irminstraße, der Große Wagen als Irmineswagen bezeichnet.[83] Die sprachliche Verwandtschaft mit dem Namen des thüringischen Königs Irminfried/Herminafred, dessen Reich 531 durch die Franken zerstört wurde, und dem Iring aus der Milchstraßen-Sage ist offensichtlich. Auch die Bezeichnung des Irmelsberges bei Crock in Südthüringen – mit wichtiger Altstraße, Heiliger Quelle und mittelalterlicher Wallfahrtskirche – scheint in den Kontext dieser Tradition zu gehören.

In der sagenhaften Nachricht vom Götzen Krodo im Harz präsentiert sich ein männlicher Gott, der eher Bezüge zur menschlichen Kultur aufweist, was durch das Rad verkörpert wird. Der mit Blumen, Obst und Früchten gefüllte Eimer als Attribut weist auf einen Bezug zum Fruchtbarkeitskult, der aber stärker als bei dem Waldfräulein auf die aktive Bewirtschaftung des Landes (Gartenbau) hinweist und eher zum Spätsommer oder Herbst passt. Als Datum für den Kult wird sogar erst die Zeit des ausgehenden Herbstes angegeben.

Sowohl in den Nachrichten vom Waldfräulein als auch bei Krodo tritt in der Überlieferung kein autoritäres Erscheinungsbild in den Vordergrund. Gerade dieses finden wir aber ganz ausgeprägt in den Perchta- und Frau-Holle-Sagen, in denen sich offensichtlich eine mächtige weibliche Gottheit widerspiegelt, die zugleich Züge einer Himmelsherrscherin und einer Unterweltsgottheit aufweist.

Im Thüringer Sagenraum – zwischen Harz und Mainfranken, dem Hohen Meißner und dem Ostvorharzraum – liegt das Hauptverbreitungsgebiet von Frau Holle. Nach Golther [84] geht die Bezeichnung auf die „Hollen", umherschweifende Gespenster, d. h. nachtfahrende Gestalten, zurück. Das Erscheinungsbild von Frau Holle und Perchta in den thüringischen Sagen entspricht aber gar nicht den landläufigen Vorstellungen von den Hexen. Von ganz wenigen Ausnahmen (z. B. Waldeck) abgesehen, gibt es keine Verbindung mit dem Teufel; der erotische Zug und auch das Zusammenkommen mit anderen gleichartigen Geistern sind Frau Holle und Perchta völlig fremd. Frau Holle und Perchta sind nach Ausweis der Sagen keine Gattungsnamen, sondern Bezeichnungen für eine einzelne, markante Person. Die im Orlaraum verbreiteten Perchtasagen weisen auf eine Verbindung in den Alpenraum und bis nach Oberitalien, wo die Perchta verbreitet anzutreffen ist. Perchta ist offensichtlich eine alte Lichtgestalt, verbunden mit der Zeit der Wintersonnenwende, vor allem mit dem besonderen Datum des 6. Januars (Epiphanias, Dreikönigstag).[85] Seit dem 14. Jahrhundert ist sie in Urkunden nachweisbar und erfreute sich offensichtlich als Vorstellung einer zur Winterzeit umziehenden Frau im ausgehenden Mittelalter zunehmender Verbreitung.[86] In den thüringischen Sagen – vor allem des Orlaraumes – verbindet sich Perchta mit dem Charakter der Werre, der den Faden verwirrenden Spinnstubengöttin.

In den Sagen von Perchta und den Zwergen oder den Kinderseelen erscheint die stolze Frau als Führerin von Toten noch eher versöhnlich. Gerade die Verbindung von Frau Holle mit der Wilden Jagd stellt aber den unmittelbaren Bezug zu einer furchteinflößenden Welt der Toten her. Frau Holle ist die Anführerin des Totenheeres, das als gespenstischer Zug das Land durchstreift und dem sich zu nähern als sehr gefährlich beschrieben wird. Den Sagen liegt offensichtlich ein Glauben zu Grunde, der die Verstorbenen – die eigentlich in die Unterwelt gehörenden Seelen – im Himmel auftauchen lässt. Diese Darstellung impliziert die an keiner Stelle näher ausgeführte Wanderung der Toten aus der Unterwelt in die überirdische Welt. In Gestalt des ewigen Fuhrmanns oder des Hackelnbergs aus dem niedersächsischen Sagenkreis begegnet uns genau so eine Gestalt, die aus dem irdischen Leben scheidet und sich anschließend direkt am Himmel wiederfindet.

Etliche Sagen spiegeln die Angst vor den wiederkehrenden Toten wider. Die Verbindung mit dem Sternhimmel weist zugleich auf den tief verwurzelten Glauben hin, diese gespenstischen Toten in der überirdischen Sphäre wiederzufinden oder ihr Kommen aus dem Überirdischen zu erwarten. Im Gegensatz zur christlichen Vorstellung von einer Auferstehung in einer heilen Welt lassen die Sagen durchweg die umgehenden Toten, die Dämonen, als Verdammte, Unheile, dem lebenden Menschen zutiefst gefährliche Gestalten erscheinen.

Die Handlung einiger Sagen hat direkt den Glauben an die Wanderung der Toten und die Wiederkehr zum Inhalt. Das betrifft die Sagen von der Wache am Grab, dem bösen Kutscher, den Feuermännern und Grenzstein-Verrückern, aber auch die Sagen, bei denen Menschen mit der Wilden Jagd mitziehen müssen und erst nach einem oder mehreren Jahren wiederkehren und dann meist vom Tode gezeichnet sind. Beispielsweise stehen die hinterlassenen Pantoffeln von Unterschönau gewissermaßen für das Recht auf Wiederkehr der Toten in ihre Welt, als Symbol und Mahnung für die Lebenden, einer Wiederkehr gewärtig zu sein.

Es gibt eine ganze Reihe archäologischer Befunde, die den Glauben an Wiederkehr und entsprechende Abwehrmaßnahmen belegen. Möglicherweise hängt schon das Versenken von Leichen in einer Schachthöhle (Sima de los Huesos) durch den Neanderthaler mit kultischen Praktiken, vielleicht auch Dämonenfurcht, zusammen.[87] Furcht vor Wiederkehr nennt H. Behrens [88] als erste Deutungsmöglichkeit für die im Neolithikum übliche Bestattung in Hockerform. Überzeugender als im Falle der einfachen Hocker scheinen die gefesselten Hocker die Angst vor der Wiederkehr einzelner Toter zu belegen. Auch die vereinzelt angetroffenen Bestattungen in Bauchlage spiegeln offensichtlich für das Neolithikum ein Bemühen wider, Toten die Rückkehr in die Welt der Lebenden, die Wiederkehr als Dämonen, zu erschweren.[89] Manche in der Vorgeschichte üblichen Teilbestattungen könnten ebenfalls auf die Angst vor dämonischer Wiederkehr zurückzuführen sein.[90] Auch Besonderheiten im jungbronzezeitlichen Grabbrauch wie etwa Bestattungen ohne Kopf[91] könnten im Zusammenhang mit dem Dämonenglauben stehen, insbesondere dann, wenn sie nicht getötete Krieger betreffen, deren Kopf häufig als Trophäe vom Körper abgetrennt wurde. Vielleicht gibt es auch einen Zusammenhang zwischen den Sagen von Gestalten ohne Kopf und der zuweilen in der Vorgeschichte beobachteten Sitte, Kopf und Körper zu trennen. Angst vor Wiederkehr könnte auch ein Mitgrund für die rituelle Zerstörung von Beigaben, insbesondere Waffen, in Kriegergräbern sein, wie sie sowohl in germanischen Gräberfeldern als auch im keltischen Kulturkreis[92] angetroffen wird.

Es kann natürlich anhand der Parallelität zwischen der Sagenhandlung und den archäologischen Befunden nicht unmittelbar das Alter der einzelnen Sagen erschlossen werden. Bestimmte Parallelen zeigen jedoch die Langlebigkeit des Glaubens an die Wiederkehr der Toten und die damit verbundene Kontinuität im Kult und in der mündlichen Tradition.

Eine spezielle dämonische Gestalt verbirgt sich hinter den Sagen vom bösen Räuber und Mädchenfänger. Diese Sagen spielen überwiegend im Spätfrühling oder Frühsommer und muten doch durch den dämonischen Hintergrund wie eine Nachricht aus der lebensfeindlichen, kalten Jahreszeit an. Diesen Eindruck teilen sie mit den Sagen vom im Sommer erscheinenden Wilden Wagen und der sommerlichen Wilden Jagd, die auch eher an Spätherbst- und Winterstürme als an laue Frühsommernächte denken lassen. Der Widerspruch zwischen gefühlter und beschriebener Jahreszeit erklärt sich vielleicht aus kultischen Gebräuchen, die den Gegenpolen im Jahresgang gewidmet sind, dem Widerstreit zwischen hell und dunkel, warm und kalt, zwischen jungfräulicher Unschuld und ordnungsverachtender Gewalttätigkeit, zwischen Fruchtbarkeit und Tod, Ordnung und Chaos. Vielleicht stehen hinter den Überlieferungen, die diesen Sagen zugrundeliegen, besonders alte und fundamentale Vorstellungen über die Welt und ihre Gesetze. Diese könnten aus so ferner Vorzeit herrühren, dass die Verbindung zwischen Sternbildern und Jahreszeiten bereits selbst einem deutlichen Wandel unterworfen war, wie weiter unten diskutiert werden soll.

Neben menschlichen Gestalten spielen Tiere, an erster Stelle Hunde, eine nicht unerhebliche Rolle in der Deutung der Sternbilder in den einheimischen Sagen. Einzelne Hunde, Paare von Hunden oder Hundemeuten treten in vielen Sagen auf. Die Hunde als Motiv finden sich so auch in den modernen Sternbildbezeichnungen, namentlich in den Sternbildern Großer und Kleiner Hund, was eine unmittelbare Verbindung der Hunde aus den Sagen mit diesen Sternbildern nahelegt. Eine Ursache für das häufige Erscheinen der Hunde in den Sagen wird wohl in der weiten Verbreitung und Allgegenwart von Hunden zu sehen sein, die als Wach-, Haus- oder Hofhunde, Hütehunde oder Jagdhunde praktisch überall zu finden waren. Denkbar ist aber auch, dass Hunde eine so große Rolle spielen, weil sie das älteste Haustier darstellen und der Hund sehr frühzeitig zur mythischen Gestalt wurde.

Symbolcharakter besitzen offensichtlich auch der in einer ganzen Reihe von Sagen auftauchende Hirsch, der Eber und der Hase. Die Tiere weisen sehr unterschiedliche Rollen und Charaktere auf. Nimmt man einen Bezug der in den Sagen vorkommenden Tiere zum vor- und frühgeschichtlichen Kult an, so lässt ihre unterschiedliche Funktion in den Sagen auf einen unterschiedlichen Platz im Kult schließen. Es ist denkbar, dass die Tiermotive sehr alte Vorstellungen widerspiegeln, die vielleicht noch aus vorackerbaulichen Gesellschaften stammen.

Sagen, Sternbilder und die neolithische Revolution

Die strenge zeitliche Organisation landwirtschaftlicher Arbeiten oder der Bewirtschaftung von Gärten im Verlauf eines Jahres erscheint heute als logisch, ja naheliegend und trivial. Diese Sicht auf die prinzipielle Organisation der Arbeiten verbindet sich heute nicht nur mit dem Wissen um die Abfolge der Jahreszeiten, die zu erwartenden Licht-, Temperatur- und Wetterverhältnisse, sondern auch mit der Kenntnis und ständigen Beachtung des Kalenders und dem detaillierten Wissen über die Abläufe der Vorgänge von Fruchtbarkeit, Wachstum und Reifen bei den unterschiedlichen Pflanzen und Tieren.

Das umfangreiche, mit Garten- und Ackerbau zusammenhängende Wissen ist Produkt einer über Jahrtausende gepflegten Kultur mit landwirtschaftlicher Tätigkeit und des im Jahreslauf organisierten menschlichen Lebens. Eine zentrale Rolle spielt dabei die Kausalität in den über die Jahreszeiten hinweg reichenden natürlichen Abläufen. Will man im Winter Nahrung haben, so muss man im Vorjahr lagerfähige Vorräte erzeugen. Will man im Spätsommer oder Herbst ernten, so muss im Frühjahr gesät werden, will man im Frühjahr säen, so muss das Land bereits im Herbst für die Frühjahrsarbeiten vorbereitet sein. Vorausschauendes und in Einzelheiten über Monate und Jahre hinweg geplantes Handeln war eine zwingende Voraussetzung für erfolgreiche Landwirtschaft. Erst mit der Entwicklung einer Kultur dieser umfassenden Voraussicht war es möglich geworden, in winterkalten Regionen regelmäßig die kalte Jahreszeit zu überstehen, längerfristig sesshaft zu werden, Gebiete dauerhaft zu besiedeln. Der Einblick in die Regelhaftigkeit zeitlicher Abläufe, die Fähigkeit, diese Regelhaftigkeit zu nutzen und in entsprechende langfristig wirkende landwirtschaftliche Tätigkeit umzusetzen, schufen die Voraussetzung für die einheimischen, auf Ackerbau und Viehzucht beruhenden Kulturen.

Die Einführung des Ackerbaus, eine flächendeckende Landnutzung durch kombinierte Acker- und Weidewirtschaft, Wald- und Gewässernutzung, längerfristige Speicherung von Nahrungsmitteln, um kalte Perioden und Ernteausfälle zu überstehen, und der damit verbundene Übergang zur dauerhaften Sesshaftigkeit sowie ein starker Anstieg der Bevölkerungsdichte verbinden sich mit dem Begriff der neolithischen Revolution. Diese wurde in Mitteleuropa vor etwa sieben Jahrtausenden durch die über den Balkanraum aus Vorderasien einwandernden Bevölkerungsgruppen des so genannten donauländischen Kulturkreises getragen, der nach der typischen Dekorationsweise der Keramikgefäße auch als Bandkeramik-Kultur bezeichnet wird. Die bandkeramische Kultur als älteste neolithische Kulturstufe in Mitteleuropa ist, den archäologischen Funden auf zahlreichen Siedlungsplätzen nach zu urteilen, erstaunlich langlebig. Rund ein Jahrtausend, d. h. 40 bis 50 Generationen lang, bestimmte diese Kultur das Leben in unserem Raum, gestaltete die Landschaft zur Kulturlandschaft und schuf so die Grundlage für die wirtschaftliche und kulturelle Entwicklung der folgenden Jahrtausende in Mitteleuropa, deren Konsequenzen bis heute nachwirken.

Neben anderen Hauptsiedlungsräumen wie etwa dem Prager Becken wurde das Gebiet im Norden, Osten und Südosten des Harzes zu einer über das gesamte Neolithikum hinweg intensiv besiedelten und landwirtschaftlich genutzten Einheit. Über rund dreieinhalb Jahrtausende hinweg wurde dieses Gebiet immer wieder viel stärker genutzt und mit Siedlungen besetzt als der umliegende Raum. Es ist anzunehmen, dass in dieser langen Zeit auch langlebige Traditionen vermittelt, Traditionen aus der europäischen Umgebung aufgenommen, aber auch starke kulturelle Impulse in die Nachbargebiete ausgesandt wurden.

Eine zuverlässige Organisation der Abläufe in der Landwirtschaft verlangte nach einer klaren und eingängigen zeitlichen Gliederung des Jahres. Deshalb bedeutete Landwirtschaft nicht nur ein Verständnis der jahreszeitlichen Abläufe schlechthin, sondern verlangte nach einem Kalender und der Verinnerlichung der kalendarischen Abfolge innerhalb der gesamten Gemeinschaft. Deshalb brauchte es eine gut strukturierte zeitliche Gliederung und Referenzpunkte, mit deren Hilfe der Kalender immer wieder mit dem natürlichen, den Jahreszeiten zugrundeliegenden Rhythmus synchronisiert werden konnte. Die Fixpunkte aufseiten der gesellschaftlichen Abläufe waren dabei neben den jahreszeitgemäßen praktischen Tätigkeiten vor allem die Feste des Jahreskreises, die klare Termine definierten und von allen Gliedern der Gemeinschaft anerkannt wurden. Der Festkalender schuf eine verbindliche Jahresgliederung für die an bestimmte natürliche Gegebenheiten gebundenen praktischen Tätigkeiten, die so von Jahr zu Jahr mit zuverlässiger Regelmäßigkeit wiederkehren. Hinsichtlich der natürlichen Abläufe konnten die Vorgänge in der lebenden Natur – etwa die Vegetationsperiode, Wanderungen von Tierherden oder der Vogelzug – für die Beschreibung des Jahreslaufs herangezogen werden. Viel zuverlässiger waren aber die streng periodischen Vorgänge am Himmel.

Spätestens seit dem frühen Neolithikum hatten die Menschen die absolute Beständigkeit und damit die extreme Zuverlässigkeit der Vorgänge am Himmel erkannt und nutzten sie für die Synchronisation des Kalenders. Dazu gehörte auch die Korrektur der Differenz zwischen Mondjahr (zwölf Mondzyklen) und Sonnenjahr (zwölf Mondzyklen plus zwölf Heilige Tage/Nächte nach der Wintersonnenwende). Die Beobachtung des Sternhimmels und der bäuerliche Jahreskreis, der Jahresgang der Sonne und der Sterne sowie der Festkalender hängen deshalb ganz unmittelbar miteinander zusammen.

Der Wechsel in der Sichtbarkeit von Sternen ist im Bereich der Ekliptik besonders deutlich ausgeprägt. Deshalb sind Bestandteile der Tierkreissternbilder besonders gut für kalendarische Zwecke verwendbar. Schon in der antiken Überlieferung spielt die Sichtbarkeit der Plejaden, des auffallenden offenen Sternhaufens aus dem Sternbild Stier, für die Planung der Feldarbeiten eine besondere Rolle. W. Schlosser[93] identifizierte die Punktgruppe auf der frühbronzezeitlichen Himmelsscheibe von Nebra mit den Plejaden und erschließt ihre besondere Bedeutung für die frühbronzezeitliche Gesellschaft aus der Nutzung ihrer Grenzsichtbarkeit am Westhimmel im Frühjahr (10. März) und im Herbst (17. Oktober) zur Synchronisation des Kalenders und nimmt an, dass die Grenzsichtbarkeit direkt zur Festlegung des Start- und Endtermins des bäuerlichen Feldbaus im Jahreslauf verwendet wurde.

Neben der astronomischen Deutung der Nebraer Himmelsscheibe bieten auch große neolithische Anlagen im Gelände – Grabenwerke und ringförmige Palisadenanordnungen mit astronomisch orientierten Durchlässen – Belege für die frühe Bedeutung astronomischer Beobachtungen. Sehr gute Belege dafür sind die 5fach-Ringanlage auf der Schalkenburg bei Quenstedt [94] und das Sonnenobservatorium auf der Hochfläche bei Goseck mit konzentrischen Palisadenringen und vorgelegtem Graben, die archäologisch untersucht wurden und als vorgeschichtliche Observatorien für die präzise Bestimmung der Auf- und Untergangspunkte der Sonne – vielleicht auch von weiteren Himmelskörpern – zu besonders markanten Terminen wie etwa der Wintersonnenwende angesehen werden.[95] Die Anlage auf der Schalkenburg geht, den archäologischen Funden nach zu urteilen, wahrscheinlich bereits auf die Stichbandkeramik, d. h. den älteren Teil des Neolithikums, zurück. Radiokarbondatierungen unterstützen die Einordnung der Anlagen in das Neolithikum.

Die Anlage von Goseck ergab mit einer deutlichen Dominanz des stichbandkeramischen Materials eine Bestätigung der frühen Einordnung der aus astronomischer Motivation errichteten Ringanlagen. Die Datierung der Anlage in das 5. Jahrtausend vor Christus zeigt, dass bereits drei Jahrtausende vor der Anfertigung der Nebraer Himmelsscheibe astronomische Beobachtungen für die Gesellschaft wichtig waren und große Gemeinschaftsleistungen wie die Errichtung der Erd- und Palisadenwerke motivierten. Mit der Datierung in die bandkeramische Kultur – auch wenn es sich um deren jüngere Phase handelt – reichen die Anlagen von Quenstedt und Goseck fast bis in die Zeit der Einführung des Ackerbaus und damit der neolithischen Revolution in Zentraleuropa zurück.

Während die auf Tages- und Jahreszeit bezogene Zuordnung der Sternbilder im Mittelalter, in der frühen Eisenzeit und auch noch in der späten Bronzezeit annähernd dem heutigen Erscheinungsbild des Sternhimmels entsprach, war die Situation im frühen Neolithikum deutlich von der heutigen Situation verschieden. Ursache dafür ist die Wanderung des Frühlingspunktes, die durch die langsame Präzessions-Bewegung der Erdachse, d. h. durch die Kreisbewegung der Achsenneigung gegenüber der Erdbahnebene um die Sonne, zustandekommt. Ein voller Umlauf dieser Bewegung dauert rund 26 000 Jahre, was bedeutet, dass sich die Sternbilder in ihrer Sichtbarkeit im Jahreskreis innerhalb von ca. zweitausend Jahren um ein Tierkreiszeichen verschoben, also innerhalb von etwa sechseinhalb Jahrtausenden um rund ein Vierteljahr. Gegenüber dem frühen Neolithikum sind die Sternbilder bis heute demnach um rund 4 Monate gegenüber dem Schnittpunkt von Sonnenbahn und Erdäquator gewandert. Je nach Lage des Frühlingspunktes spricht man in der Astrologie vom Zeitalter der Fische (Gegenwart) oder vom Zeitalter des Widders (Antike); das späte Neolithikum und die frühe Bronzezeit wären nach dieser Betrachtungsweise das Zeitalter des Stiers, das mittlere Neolithikum das Zeitalter der Zwillinge und das frühe Neolithikum das Zeitalter des Krebses gewesen.

Da die archäologische Entdeckung, dass es sich bei den älterneolithischen Kreisanlagen um Himmelsobservatorien handelt, eine frühe Beschäftigung mit den Vorgängen am Himmel beweist, kann angenommen werden, dass im Mittelneolithikum auch der Frühlingspunkt, d. h. der Schnittpunkt von Ekliptik und Himmelsäquator, bekannt war. Vor fünf Jahrtausenden, d. h. etwa zur Zeit der Baalberger Kultur, lag der Frühlingspunkt im Sternbild Stier unweit seines Hauptsterns Aldebaran. Es erscheint gut denkbar, dass die besondere Rolle des Stiers im Kult und in der Mythologie nicht nur mit seiner besonderen Funktion in der Landwirtschaft und als Zugtier, sondern auch mit der Stellung der als Stierkopf interpretierten Konstellation am Himmel während des mittleren Neolithikums zusammenhängt.

Da die Präzession außerdem eine kreisförmige Bewegung des Himmelsnordpols zur Folge hat, ändern sich auch die Kulminationshöhe und die scheinbare Bahn der Sterne am Himmel. So befand sich der Himmelsnordpol anstatt in der Nähe des Polarsterns um 6000 v. Chr. unweit des Sternbildes Nördliche Krone, was zur Folge hatte, dass damals in unseren Breiten die tief stehenden Wintersternbilder wie der Hase und der Große Hund nicht zu beobachten waren und auch der Orion, die Zwillinge, der Widder und der Stier weniger hoch stiegen als heute. Dafür konnte man im Bereich des heutigen Frühlingssternhimmels viel weiter in den Süden schauen, so dass der Zentaur und sogar das Kreuz des Südens im Blickfeld lagen.

Sternbilder, die wir heute als Wintersternbilder ansehen, waren in der mittleren Jungsteinzeit Herbststernbilder, heutige Frühlingssternbilder waren damals Wintersternbilder, die heutigen Herbststernbilder waren vor allem im Sommer, die heutigen Sommersternbilder im Frühjahr zu sehen. Erwägt man für einzelne Sternbilder eine Überlieferung, die noch aus der Zeit der Neolithisierung Mitteleuropas herrührt – was wegen der großen Bedeutung der Himmelsbeobachtung für die Landwirtschaft und alle damit zusammenhängenden an den Kalender gebundenen Aktivitäten durchaus möglich erscheint –, so muss die jahreszeitliche Verschiebung der Auf- und Untergänge sowie der Kulminationspunkte und damit die Verschiebung der Sternbilder im Jahreskreis berücksichtigt werden.

Im frühen Neolithikum war der Fuhrmann ein Sternbild des Spätsommers und kulminierte viel tiefer als heute. Es kann nur darüber spekuliert werden, dass ein an dieses Sternbild gekoppeltes mythisches Motiv des frühen Neolithikums im Falle einer langfristigen Tradition von einer Spätsommer- oder Frühherbstgestalt allmählich zu einer Wintergestalt wurde. Im Gegenzug könnten Bootes, Nördliche Krone und Jungfrau damalige Wintergestalten sein, die inzwischen zu Frühlingsgestalten wurden. Der im Frühjahr damals in unseren Breiten voll sichtbare Skorpion könnte ein Symbol des erwachenden Lebens gewesen sein. Unterstellt man in der an Sternbilder gebundenen Sagenüberlieferung einzelne Traditionen, die über mehrere Jahrtausende hinwegreichen und demzufolge bereits in der Bronzezeit oder schon im Neolithikum wurzeln, so muss wegen der Verschiebung des Frühlingspunktes auch eine solche Verschiebung der jahreszeitlichen Zuordnung der Sternbild-Motive angenommen werden. Eine solche Verschiebung könnte die Ursache dafür sein, dass manche sternbildbezogene Sagenmotive zu unterschiedlichen Jahreszeiten auftauchen. So gehörten z. B. der tief über dem Westhorizont stehende Stier und der darüber stehende Fuhrmann im Neolithikum in den Winterabend, tauchen aber in der Sage von Frau Perchta in Döbritz als Motive einer Frühlingssage auf. Die Projektion von Situationen der warmen Jahreszeit in heutige Wintersternbilder wie etwa die Deutung des Orions als Schäfer mit Herde auf einer grünen Wiese (Sage von Bollberg) könnte ein Indiz für eine sehr langfristige Tradition von Sternbildsagen mit Verschiebung des jahreszeitlichen Bezugs sein. Eine ähliche Verschiebung des jahreszeitlichen Bezugs liegt offensichtlich auch in der Überlieferung vom Götzen Krodo vor: Die Sage ordnet sein Fest klar dem späten Advent, d. h. der Zeit der Wintersonnenwende, zu. Trotzdem erscheint er als Symbolgestalt mit Attributen der Fülle und der Ernte, die eigentlich in den Sommer oder Herbst gehören. So könnte die Deutung von Orion als Krodo angesichts dieser Attribute von einer Wahrnehmung des Sternbildes Orion herrühren, die es statt im Winter im Spätsommer oder Herbst ansiedelt, was tatsächlich für das frühe bis mittlere Neolithikum zutraf. Befremdlich mutet auch der Pflug in einigen Perchtensagen an, deren Überlieferung sich ganz klar auf den Dreikönigstag, d. h. heute den Winter, bezieht. Der Pflug könnte sich daraus erklären, dass in früheren, wärmeren Epochen (Mittelalter, Atlantikum) im Winter gepflügt wurde oder aber die Sage ein Motiv aus einer anderen Jahreszeit – z. B. dem Herbst – weitergetragen hat.

Jede Interpretation sehr langfristiger Traditionen allein aus einer einzelnen Sage heraus ist höchst spekulativ. Betrachtet man aber mehrere Sagen und deren astrale Bezüge und stellt diese den Erkenntnissen der Archäologie gegenüber, gewinnen solche Hypothesen an Wahrscheinlichkeit. Himmelsbeobachtung und kultische Handlungen, die der Festlegung des Kalenders dienten, sind in unserer Gegend seit der Stichbandkeramik, d. h. dem mittleren Neolithikum, nachgewiesen. Es ist zu vermuten, dass dabei die Beobachtung der Sonne und des Mondes eine besonders wichtige Rolle spielte, dass daneben aber auch eine Beobachtung des Sternhimmels, der Fixsterne wie der darüber wandernden Planeten, stattfand. Da die neolithische Himmelsbeobachtung offensichtlich einen hohen gesellschaftlichen Stellenwert besaß, ist anzunehmen, dass sie sich auch in der damaligen mündlichen Überlieferung niedergeschlagen hat. Mit großer Wahrscheinlichkeit haben sich Himmelsbeobachtung und an Sonne, Mond und Sternen orientierte Jahresorganisation auch im jüngeren Neolithikum, in der Bronze- und der frühen Eisenzeit fortgesetzt. Dabei dürften auch mythische Motive tradiert worden sein. Einige dieser alten Überlieferungen sind deshalb vermutlich bis heute in unserem einheimischen Sagengut erhalten geblieben.

Anmerkungen

[1] nach G. Schambach und W. Müller 1855, 67, Nr. 95,1
[2] nach L. Bechstein 1858, Bd. 2, 179, Nr. 311
[3] nach L. Bechstein 1858, Bd. 2, 211, Nr. 345
[4] nach G. Schambach und W. Müller 1855, 70, Nr. 97
[5] nach G. Schambach und W. Müller 1855, 70, Nr. 97, vgl. auch Nr. 98; zu Ebergedränge: vgl. R. Drößler 1976, 254
[6] nach P. Quensel 1991, 205
[7] nach M. Oelke 1990, 75
[8] nach R. Zwetz 1909-1920
[9] nach L. Bechstein 1858, Bd. 2, 238, Nr. 376
[10] nach L. Bechstein 1858, Bd. 2, 277, Nr. 405
[11] nach L. Bechstein 1858, Bd. 2, 295, Nr. 418
[12] nach H.-J. Uther 1998, 205
[13] nach P. Schlitzer 1992, 128, Nr. 172
[14] nach P. Quensel (1991), 155
[15] nach H. Größler 1880, 50, Nr. 57
[16] nach M. Oelke 1990, 30
[17] nach P. Schlitzer 1992, 204, Nr. 265
[18] nach G. Schambach und W. Müller 1855, 73, Nr. 99
[19] nach P. Schlitzer 1992, 130, Nr. 176
[20] nach P. Schlitzer 1992, 89, Nr. 122
[21] nach P. Schlitzer 1992, 169, Nr. 228
[22] nach P. Schlitzer 1992, 163, Nr. 220
[23] nach L. Bechstein 1858, 132, Nr. 80
[24] nach P. Heinecke 1983, 81
[25] nach H. Größler 1880, 178, Nr. 202
[26] nach G. Schambach und W. Müller 1855, 191, Nr. 208-2
[27] nach G. Schambach und W. Müller 1855, 192, Nr. 208-3
[28] nach L. Bechstein 1858, 2. Bd., 39, Nr. 175
[29] nach L. Bechstein 1858, Bd. 2, 63, Nr. 189
[30] nach L. Bechstein 1858, Bd. 2, 241, Nr. 378
[31] nach M. Oelke 1990, 68
[32] nach G. Schambach und W. Müller 1855, 72, Nr. 98-2
[33] nach E. Witter (1992), 15
[34] nach G. Schambach und W. Müller 1855, 67, Nr. 95,1
[35] nach G. Schambach und W. Müller 1855, 206, Nr. 223, 1-13
[36] nach H. Größler 1880, 36, Nr. 34
[37] nach H. Größler 1880, 202, Nr. 236
[38] nach M. Oelke 1990, 79
[39] nach U. Brunzel 1992, 37, Nr. 64
[40] nach P. Quensel 1991, 178
[41] nach L. Bechstein 1858, 88, Nr. 55
[42] nach P. Schlitzer 1992, 246, Nr. 334
[43] nach P. Schlitzer 1992, 150, Nr. 205
[44] nach H.-J. Uther 1998, 244
[45] nach G. Schambach und W. Müller 1855, 75, Nr. 103

[46] nach P. Heinecke 1983, 59
[47] nach M. Oelke 1990, 10
[48] nach G. Müller 1978, 7
[49] nach L. Bechstein 1858, 66, Nr. 42)
[50] nach L. Bechstein 1858, Bd. 2, 198, Nr. 331
[51] nach L. Bechstein 1858, Bd. 2, 198, Nr. 331
[52] nach L. Bechstein 1858, Bd. 2, 160, Nr. 294
[53] nach P. Heinecke und G. Ost 1969, 73
[54] nach L. Bechstein 1858, Bd. 2, 160, Nr. 294
[55] nach L. Bechstein 1858, 2. Band, 187, Nr. 320
[56] nach M. Oelke 1990, 77
[57] nach L. Ehrhardt u. G. Fischer 1975, 90; vgl. auch P. Heinecke und G. Ost 1969, 112
[58] nach U. Brunzel 1992, 39, Nr. 70
[59] nach L. Bechstein 1858, Bd. 2, 162, Nr. 295
[60] nach L. Bechstein 1858, Bd. 2, 176, Nr. 308
[61] nach L. Bechstein 1858, Bd. 2, 177, Nr. 309)
[62] nach G. Schambach und W. Müller 1855, 68, Nr. 95,2
[63] nach L. Bechstein 1858, Band 2, 307, Nr. 426
[64] nach H. Größler 1880, 168, Nr. 191
[65] nach P. Heinecke und G. Ost 1969, 85; vgl. auch K. Greß, V. Lommer und F. B. Störzner 1935, 169
[66] nach H. Größler 1880, 171, Nr. 195
[67] nach A. Witzschel 1878, 128, Nr. 157
[68] nach H. Größler 1880, 71, Nr. 82
[69] nach L. Bechstein 1858, 119, Nr. 75, Zitat nach M. J. Agricola)
[70] nach A. Witzschel 1878, 128, Nr. 157
[71] nach U. Brunzel 1992, 32, Nr. 50
[72] nach L. Bechstein 1858, 118, Nr. 74
[73] nach P. Quensel 1991, 27
[74] L. Preller 1858, 145
[75] vgl. auch J. Grimm 1875-78, Band 1, 237
[76] J. Grimm 1875-78, Band 3, 85
[77] W. Golther 1895, 586
[78] L. Preller 1858, 366ff
[79] W. Golther 1895, 582
[80] J. Grimm 1875-78, Band 3, 211
[81] vgl. J. Grimm, 1875-78, Band 1, 211 und Band 2, 603
[82] J. Czerney, P. Unger 1987, 67
[83] J. Grimm 1875-78, Band 1, 295
[84] W. Golther 1895, 491ff
[85] vgl. auch J. Grimm 1875-78, Band 1, 233ff
[86] W. Golther 1895, 493
[87] J. L. Arsuaga 2003
[88] H. Behrens 1973, 235
[89] H. Behrens 1973, 242
[90] vgl. G. Kehnscherper 1983, 142
[91] T. Huck und E. Speitel 1993
[92] S. Rieckhoff und J. Biel 2001, 260
[93] W. Schlosser 2002, 2004
[94] E. Schröter 1990
[95] F. Bertemes und W. Schlosser 2004, F. Bertemes et al. 2004

Literatur

Arsuaga, J. L.: Der Schmuck des Neandertalers (Hamburg-Wien 2003)

Bechstein, L.: Thüringer Sagenbuch, 1. und 2. Band (Wien und Leipzig 1858)

Behm-Blancke, G.: Gesellschaft und Kunst der Germanen (Berlin 1973)

Behm-Blancke, G.: Kult und Ideologie, in: Handbuch, Die Germanen, Bd. 1 (hrsg. B. Krüger, Berlin 1978), 351

Behm-Blancke, G.: Zum Weltbild und zur Gesellschaftsstruktur der Schnurkeramiker, in: Alt-Thüringen 24 (1989a), 117

Behm-Blancke, G.: Das Priester- und Heiligengrab von Schlotheim. Zur Strategie und Mission der Franken in Thüringen, in: Alt-Thüringen 24 (1989b), 199

Behm-Blancke, G.: Heiligtümer der Germanen und ihrer Vorgänger in Thüringen. Die Kultstätte Oberdorla, hrsg. v. S. Dusek und B. Lettmann (Stuttgart 2003)

Behm-Blancke, G.: Opfer und Magie im germanischen Dorf der Römischen Kaiserzeit (Neue Ausgrabungsergebnisse), Beiträge zur Ur- und Frühgeschichte Mitteleuropas 38, hrsg. v. J. Bemmann und M. Hegewisch (Langenweissbach 2004)

Behrens, H.: Die Jungsteinzeit im Mittelelbe-Saale-Gebiet (Berlin 1973)

Bertemes, F.; Biehl, P. F.; Northe, A.; Schröder, O: Die neolithische Kreisgrabenanlage von Goseck, Ldkr. Weißenfels, in: Archäologie in Sachsen-Anhalt NF 2 (2004), 137

Bertemes, F.; Schlosser, W.: Der Kreisgraben von Goseck und seine astronomischen Bezüge, in: Der geschmiedete Himmel (hrsg. H. Meller, Stuttgart 2004), 48

Brunzel, U.: Das blaue Feuer. Sagen, Geschichten und heimatkundliche Betrachtungen der Stadt Suhl und das Landkreises Suhl (Zella-Mehlis 1992)

Coenen, D. und O. Holzapfel (Hrsg.): Herder Lexikon: Germanische und keltische Mythologie (Freiburg, Basel, Wien 1990)

Czerney, J., Unger, P.: Gelb blüht die Wunderblume. Sagen und Überlieferungen aus dem Arnstädter Gebiet, in: Beiträge zur Heimatgeschichte, Stadt und Kreis Arnstadt, Heft 8 (Arnstadt 1987)

Drößler, R.: Als die Sterne Götter waren (Leipzig 1976)

Ehrhardt, L. und G. Fischer: Das Ledermännchen (Jena 1975)

Greß, K.; V. Lommer und F. B. Störzner: Holzlandsagen (3. Aufl. Leipzig 1935)

Golther, W.: Handbuch der germanischen Mythologie (Rostock 1895, Reprint o. J., Athenaion, Phaidon-Verlag Essen)

Göttner-Abendroth, H.: Frau Holle und Frau Venus in Thüringen, in: Mythologische Landschaft Deutschland, hrsg. v. H. Göttner-Abendroth u. K. Derung (Bern 1999), 236

Göttner-Abendroth, H.: Die „Witten Wiwer" von Rügen, in: Mythologische Landschaft Deutschland, hrsg. v. H. Göttner-Abendroth u. K. Derung (Bern 1999), 255

Grimm, J.: Deutsche Mythologie, 3 Bände (Berlin 1875-78, Reprint Drei Lilien Verlag Wiesbaden 1992)

Haupt, K.: Sagenbuch der Lausitz (fotomechan. Nachdruck, Bautzen 1991, Originalausgabe 1862/63)

Heinecke, P.: Erzähltes und Verbrieftes. Geschichte und Sage im Raum Eisenberg (Leipzig 1983)

Heinecke, P. und Ost, G.: Holzlandsagen (Jena 1969)

Huck, T. und E. Speitel: Ein Gräberfeld der jüngeren Bronzezeit in Gräfentonna, Lkr. Gotha, Alt-Thüringen 27 (1993), 63

Kaul, F.: Die Sonnenschiffe des Nordens, in: Der geschmiedete Himmel (Hrsg. v. H. Meller, Stuttgart 2004a), 58

Kaul, F.: Schiffe als Tempel der Bronzezeit – die Figurenensembles von Fardal und Grevenvaenge, in: Der geschmiedete Himmel (Hrsg. v. H. Meller, Stuttgart 2004b), 70

Kehnscherper, G.: Hünengrab und Bannkreis (Leipzig-Jena-Berlin 1983)

Kirchner, H.: Menhire in Mitteleuropa, in: Mythologische Landschaft Deutschland, hrsg. v. H. Göttner-Abendroth u. K. Derung (Bern 1999), 101

Köber, H.: Zu den Menhiren Thüringens, in: Ausgrabungen und Funde 6,5 (1961), 235

Kutter, E.: Heilige Jungfrauen, Salige und Wilde Frauen, in: Mythologische Landschaft Deutschland, hrsg. v. H. Göttner-Abendroth u. K. Derung (Bern 1999), 216

Meller, H.: Die Himmelsscheibe von Nebra – ein frühbronzezeitlicher Fund von außergewöhnlicher Bedeutung, in: Archäologie in Sachsen-Anhalt 1 (2002), 7

Mogk, E.: Aberglauben und Volksmythen, in: Sächsische Volkskunde, herausgegeben von R. Wuttke (Dresden 1900), 293

Müller, G.: Die Glocke vom Adlersberg. Sagen und Bilder aus der Landschaft zwischen Rhön und Thüringer Wald (Berlin 1987)

Niklasson, N.: Steinzeitliche Tonidole aus Mitteldeutschland, in: Jahresschrift für die Vorgeschichte der sächsisch-thüringischen Länder (Halle 1925), 73-79

Oelke, M.: Sagen aus dem Mittleren Ilmtal, in: Tradition und Gegenwart. Weimarer Schriften, Heft 37 (Weimar 1990)

Preller, L.: Römische Mythologie (Athenaion, Phaidon-Verlag Essen, nach Originalausgabe bei Reimer von 1858)

Quensel, P.: Thüringer Sagen (Neuauflage München 1991)

Rieckhoff, S. und J. Biel: Die Kelten in Deutschland (Stuttgart 2001)

Rumpf. M.: Perchten. Populäre Glaubensgestalten zwischen Mythos und Katechese (Würzburg 1991)

Schlitzer, P.: Sagen aus Rhön und Vogelsberg (Fulda 1970, 5. Aufl. Fulda 1992)

Schlosser, W.: Zur astronomischen Deutung der Himmelsscheibe von Nebra, in: Archäologie in Sachsen-Anhalt 1 (2002), 21

Schlosser, W.: Die Himmelsscheibe von Nebra – astronomische Untersuchungen, in: Der geschmiedete Himmel (hrsg. H. Meller, Stuttgart 2004), 44

Schröter, E.: Ein neolithischer Kultplatz auf der Schalkenburg bei Quenstedt, in: Jahresschrift für mitteldeutsche Vorgeschichte 73 (1990), 267

Witter, E.: Fuhrmann Spörlein. Sagen aus dem Grabfeld und dem fränkischen Hügelland (Hildburghausen 1992)

Zwetz, R.: Jenaer Ortssagen, in: Altes und Neues aus der Heimat (1909-1920), 189

Ortsregister

Adelebsen 50
Allstedt 53
Altenberga 77
Altermühle 74
Angelroda 22
Apfelstädt 85

Beerwaldische Heiden 23
Berka 43
Blankenau 34
Blankenburg 12
Bobeck 86
Bodelwitz 83
Bollberg 86, 117
Bornstedt 52
Braunes Moor 28
Breitungen/Werra 57
Brücken 89
Bucha 67
Buchfart 16, 22, 64, 76
Bürgel 36

Camburg 42
Clausfelsen 42
Colba 71
Cosdorf 75
Crock 108
Cyriakskloster 42

Döbritz 10, 117

Eisfeld 65, 107
Ellrich 61
Elstertal 41
Engelsberg 24
Ettersberg 16, 64

Fischerdorf 73
Frauenberg 59

Gembdental 18
Glashüttenteich 57
Gleitsch 73
Goseck 115
Goslar 44, 61
Goswitz 67
Greuda 77
Grobitz 15

Hackpfüffel 89
Hainzell 34
Harz, Harzburg 61
Haufeld 27
Heinade 50
Heldra, Heldrastein 25
Helfta 26
Herzberg 23
Hessengrund 50
Hildesheim 39
Hohensen 39
Hohewestmühle 74
Hohnstedt 50
Holloch 64
Hörselberg 35
Hünenkoppe 12

Ilmtal 54
Irmelsberg 108

Kammerlöcher 22
Kamsdorf 67
Klettenberg 61
Klosternaundorf 53
Kohnsen 50
Könitz 67
Köstitz 70
Kranichfeld 64
Krimpe 92
Kürbitz 41
Kutschbach 82
Kyffhäuser 89

Lengefeld 37
Leubestraße 94
Luppholz 92

Mansfelder Land 92
Martinsrieth 86
Meiningen 66
Motten 30

Nebra 115
Neunhofen 15

Oberneubrunn 40
Oldendorf 50
Oppurg 71, 80
Orlaraum 109
Orlatal 15
Öttern 54, 107

Poggenhagen 39
Poppenhausen 32
Pößneck 82f.
Preswitz 73

Quenstedt 115

Rabsburg 86
Räther 92
Rennsteig 94
Rodatal 18
Rödern 75
Römhild 46
Rotes Bächle 79
Rothemann 59

Sangerhausen 37, 86
Säurasen 59
Schalkenburg 115
Schleusetal 40
Schochwitz 92
Schwarza b. Mein. 66
Sievershausen 47
Singer Berg 108
Solling 13
St. Gangloff 72
Steinsburg 46
Stöben 42
Stoffelskupe 29
Strodthagen 50
Suhl 55, 79, 94

Tepitz 82
Thalau 60
Topfsteinbachquelle 26
Totenstein 15
Treffurt 25
Tümpling 42

Unterneubrunn 40
Unterschönau 56, 110

Vogelbeck, -burg 37

Waldeck 63, 109
Wandersleben 84
Wechmar 84
Weischlitz 41
Wöllmisse 18
Wüllershausen 50
Wulften 50

Zinna b. Bürgel 36

Register der Sterne und Sternbilder

Adler 51
Alcor 46
Aldebaran 41, 43, 104, 116
Alioth 47
Andromeda 104
Antares 36, 39
Arctur 15, 103
Asellus Australis 106
Asellus Borealis 106
Atair 51
Auriga 48

Bärenhüter 15, 24ff., 28, 29f., 34
Bellatrix 59, 68, 88, 91, 93
Benetnasch 47
Beteigeuze 88, 91
Bootes 15, 24ff., 34, 117

Capella 10f., 67, 82, 84, 94f., 105
Castor 31, 42, 54, 67

Deneb 40, 51

Fische 44, 116
Fuhrmann 9ff., 48, 63ff., 68, 70, 73, 78, 82ff., 91, 94ff., 104f., 117

Großer Bär 78f.
Großer Hund 29, 54, 56, 64, 67, 75, 86, 88, 92f., 104, 111, 116
Großer Wagen 15, 29, 31, 34f., 46, 48, 78, 100, 108

Haare der Berenike 18, 20, 103
Hase 13, 62, 64, 93, 116
Herkules 26, 34, 104

Jagdhunde 26
Jungfrau 18, 20, 24, 26, 30, 103, 117

Kleiner Hund 29, 54, 56, 64, 67, 88, 93, 104, 111
Krebs 106, 116
Kreuz des Südens 116
Krippe 106

Leier 36
Lepus 13
Löwe 18ff., 21, 23, 30, 103

Milchstraße 11, 64, 67, 70, 72, 75, 83, 88, 93, 108
Mizar 46f.
Mond 96, 102

Nördliche Krone 34, 116f.
Nördliches Eselchen 106

Orion 12f., 29, 51, 53f., 56, 59ff., 64, 67, 68, 72, 75, 77f., 81, 83, 85f., 88, 91, 93, 95f., 104f., 116ff.

Pegasus 44, 53, 104
Perseus 15, 51, 67f.
Plejaden 9ff., 15, 55, 57, 68, 70, 72f., 75, 77f., 80, 82, 84, 114
Polarstern 47, 116
Pollux 31, 42, 54, 67
Praesepe 106

Regulus 103
Rigel 13, 88f.
Rinderhirte 15, 29

Saiph 88f.
Schlange 26
Schütze 101f.
Schwan 36, 40, 51, 104
Sirius 89, 92
Skorpion 36f., 39, 101f., 104

Sommerdreieck 104
Spica 103
Stier 12, 41, 43, 54, 56, 64, 68, 70, 72f., 75, 78, 91, 94, 104, 111, 116
Südliches Eselchen 106

Wassermann 40
Wega 36, 104
Widder 44, 104, 116

Zentaur 116
Zwillinge 31, 36, 41f., 51f., 54, 56, 64f., 68, 70, 93, 107, 116

Inhalt

Vorwort 5

FRÜHJAHRSSAGEN

Der ewige Fuhrmann 9
Frau Perchtas Bier in Döbritz 10
Das Riesenspielzeug 12
Hackelnbergs Grab 13
Der Riese Tod bei Neunhofen 15
Das Wunderfräulein von der Buchfarter Felsenburg 16
Das Waldfräulein auf der Wöllmisse 18
Der Hirsch mit dem goldenen Geweih 19
Die Nachtjägerin von der Buchfarter Felsenburg 22
Der Hirsch in den Kammerlöchern 22
Markgraf Albrecht der Bär und die Gründung von Herzberg 23
Die Weiße Jungfrau auf dem Engelsberg 24
Räuber Henning am Heldrastein 25

SOMMERSAGEN

Perlenfischerei an der Topfsteinbachquelle bei Helfta 26
Die feurige Hundemeute bei Haufeld 27
Der Wilde Reiter im Braunen Moor 28
Hackelnbergs Umzug 29
Der gerettete Knabe an der Stoffelskuppe 29
Die Wilde Jagd bei Motten 30
Die Wache am Grab 32
Die Gespensterkutsche 34
Der Lautenist im Hörselberg 35
Das blutrote Irrlicht bei Zinna 36

Der dreibeinige Hase in Lengefeld 37
Der dreibeinige Hase an der Vogelsburg 37
Das Dreibein von Hohensen 39
Der Wässermann 40

HERBSTSAGEN

Der Ochse mit der Laterne 41
Die wandelnde Laterne bei Camburg 42
Der unverletzbare Hirsch bei Bad Berka 43
Hackelbergs Wagen 44
Fuhrmann Spörlein 46
Der Kärrner am Himmel 47
Feurige Landmesser 48
Der nächtliche Zweikampf 52
Die nächtliche Hirschjagd 53
Die Wilde Jagd am Herrensprung im Ilmtal 54
Verwandelte Tannennadeln 55
Der Schmied im Wilden Heer 56
Der Feuermann von Breitungen 57
Der unheimliche Mann im Schnee 59
Der Feuermann bei Thalau 60
Der Götze Krodo im Harz 61

WINTERSAGEN

Frau Holle belohnt und bestraft die Spinnerinnen 63
Frau Holle in den Waldecker Buchen 63
Frau Holle führt das Wilde Heer 64
Frau Holle und die Äbtissin Juliane 65
Die Knaben und das Wilde Heer 66
Frau Perchtas Wagen 67
Die Jüdeweiner Zecher 70
Perchtas zerbrochener Pflug 71

Frau Holle in St. Gangloff 72
Perchta am Gleitsch 73
Perchta beim Preswitzer Fährmann 73
Der Berkaer Maurer an der Buchfarter Felsenburg 76
Die Goldspäne zum Heiligen Abend 77
Der Wunderweizen am Weihnachtsabend 79
Die listigen Spinnerinnen von Oppurg 80
Die alte Spinnerin 82
Das Kind mit dem vollen Tränenkrug 83
Der steckengebliebene Fuhrmann 84
Der Reiter ohne Kopf am Bannort zwischen Wandersleben und Wechmar 85
Der Schäfer mit dem feurigen Hund 86
Die Schafherde an der Rabsburg 86
Der Mann mit der Laterne 89
Holda kommt zur Fastnacht 91
Der feurige Hund auf dem Luppberg 92
Das wütende Heer im Mansfelder Land 92
Holdas Beil 93
Der gebannte Wagen an der Suhler Ausspanne 94

STERN-SAGEN OHNE JAHRESZEITLICHEN BEZUG
Frau Holle trägt den Himmel 96
Irings Weg 97

Nachwort 98
Anmerkungen 119
Literatur 121
Ortsregister 124
Register der Sterne und Sternbilder 125